上海市老年教育普及教材

上海市学习型社会建设与终身教育促进委员会办公室

古诗文引用范例解读

Gushiwen Yinyong
Fanli Jiedu

上海教育出版社
SHANGHAI EDUCATIONAL
PUBLISHING HOUSE

上海市老年教育普及教材编写委员会

顾　　问：袁　雯

主　　任：李骏修

副 主 任：俞恭庆　刘煜海　庄　俭　陈跃斌

委　　员：夏　瑛　符湘林　王莳骏　李学红

　　　　　沈　韬　曹　珺　吴　强　熊仿杰

　　　　　阮兴树　郭伯农　包南麟　朱明德

　　　　　李亦中　张主方

本书编写组

撰　写：王　林

丛书策划

朱岳桢　杜道灿

前　言

　　根据上海市老年教育"十二五规划"提出的实施"个、十、百、千、万"发展计划中"编写100本老年教育教材，丰富老年学习资源，建设一批适合老年学习者需求的教材和课程"的要求，在上海市学习型社会建设与终身教育促进委员会办公室、上海市老年教育工作小组办公室和上海市教委终身教育处的指导下，由上海市老年教育教材研发中心会同有关老年教育单位和专家共同研发的"上海市老年教育普及教材"，共100本正式出版了。

　　此次出版"上海市老年教育普及教材"的宗旨是编写一批能体现上海水平的、具有一定规范性及示范性的老年教材；建设一批可供老年学校选用的教学资源；完成一批满足老年人不同层次需求的、适合老年人学习的、为老年人服务的快乐学习读本。

　　"上海市老年教育普及教材"的定位主要是面向街（镇）及以下老年学校，适当兼顾市、区老年大学的教学需求，力求普及与提高相结合，以普及为主；通用性与专门化相兼顾，以通用性为主。编写市级普及教材主要用于改善街镇、居村委老年学校缺少适宜教材的实际状况。

　　"上海市老年教育普及教材"在内容和体例上尽量根据老年人学习的特点进行编排，在知识内容融炼的前提下，强调基础、实用、前沿；语言简明扼要、通俗易懂，使老年学员看得懂、学得会、用得上。教材分为三个大类：做身心健康的老年人；做幸福和谐的老年人；做时尚能干的老年人。每个大类包含若干教材系列，如"老年人万一系列""中医与养生系列""孙辈亲子系列""老年人心灵手巧系列""老年人玩转信息技术系列"等。

"上海市老年教育普及教材"在表现形式上，充分利用现代信息技术和多媒体教学手段，倡导多元化教与学的方式，创新"纸质书、电子书、计算机网上课堂和无线终端移动课堂"四位一体的老年教育资源。在已经开通的"上海老年教育"App上，老年人可以免费下载所有教材的电子版，免费浏览所有多媒体课件；上海老年教育官方微信公众号"指尖上的老年学习"也已正式运营，并将在 2015 年年底推出"老年微学课堂"，届时我们的老年朋友可以在微信上"看书""听书""学课件"。

"上海市老年教育普及教材"编写工作还处于起步阶段，希望各级老年学校、老年学员和广大读者提出宝贵意见。

上海市老年教育普及教材编写委员会

2015 年 6 月

自　序

　　中华民族有着五千年的文明史，在漫长的历史长河中，留下的传统文化经典，浩如烟海，灿若繁星。它们源远流长，博大精深，凝聚着中华民族的道德情感，蕴藏着深厚的文化积淀，闪耀着华夏人文思想的光芒。这些经典，如同清新的空气，围绕着我们；如同甘甜的乳汁，滋养着我们。

　　在这些厚重的文化经典中，积淀着无数古代圣哲们的理想和智慧，无论从思想上还是内容上，它们都具有时代的超越性，对于当下仍具有重要的现实意义。因此，我们应当从这些文化经典中汲取精神的营养来滋润我们的心灵。例如，孟子的"富贵不能淫，贫贱不能移，威武不能屈"，至今仍闪耀着思想和人格的光辉；荀子的"锲而不舍，金石可镂"，至今仍是鼓励人们执着坚定地去战胜困难的强大动力；李白的"长风破浪会有时，直挂云帆济沧海"，不仅给人积极浪漫主义的审美和享受，还使人在生活的波涛洪流中对未来充满希望和信心。

　　本书中的古典诗词和散文的经典名句，均摘自于外文出版社2014年版的《习近平谈治国理政》一书，我们把这些经典名句还原到原著的语境中进行了平易通俗地解读，目的是帮助读者更加深入地理解这些经典名句的本来含义，从而更加全面地认识这些经典名句对于我们当下社会的现实意义。在对经典名句解读以后，还对相关的历史文化常识进行了简单地介绍，同时，为了扩大读者的视野，满足读者继续阅读的需求，我们还安排了拓展阅读部分，并希望读者能够结合自己的人生经历和对生活的认识，写下阅读的感想与体会。

我们中华民族是一个有着很高文化素养的民族，自古以来就非常重视读书。古人说"腹有诗书气自华"，阅读古代经典诗文，不仅能增长人的知识和智慧，还能提高人的素质和才干，进而使人的气质华贵不凡。更重要的是，阅读这些经典之作，其中的民族精神能够激励并陶冶我们的心灵，让我们不断增强民族的自信心，增强民族的凝聚力，树立起以天下为己任的民族精神。因此，我们要在阅读古代文化经典的过程中，把它融入现实生活的实践当中，让这些民族的精华随着时代的发展而不断发扬光大。

王　林

2015 年 7 月

目　录

一、如临深渊，如履薄冰 …………………………………………1

二、长风破浪会有时，直挂云帆济沧海 …………………………4

三、千淘万漉虽辛苦，吹尽狂沙始到金 …………………………7

四、黑云压城城欲摧，甲光向日金鳞开 …………………………10

五、偷得浮生半日闲 ………………………………………………13

六、今朝有酒今朝醉，明日愁来明日愁 …………………………16

七、少年辛苦终身事，莫向光阴惰寸功 …………………………19

八、浩渺行无极，扬帆但信风 ……………………………………22

九、山重水复疑无路，柳暗花明又一村 …………………………25

十、人生自古谁无死，留取丹心照汗青 …………………………28

十一、千磨万击还坚劲，任尔东西南北风 ………………………31

十二、苟利国家生死以，岂因祸福避趋之 ………………………34

十三、玉不琢，不成器 ……………………………………………37

十四、功崇惟志，业广惟勤 ………………………………………41

十五、从善如登，从恶如崩 ………………………………………44

十六、锲而不舍，金石可镂 ………………………………………47

十七、治大国，若烹小鲜 …………………………………………50

十八、不患寡而患不均 …………………………… 53

十九、终身之计，莫如树人 …………………………… 56

二十、蠹众而木折，隙大而墙坏 …………………………… 59

二十一、宰相必起于州部，猛将必发于卒伍 …………………… 62

二十二、富贵不能淫，贫贱不能移，威武不能屈 …………… 65

二十三、和如羹焉 …………………………… 68

二十四、聪者听于无声，明者见于未形 …………………… 72

二十五、明者因时而变，知者随世而制 …………………… 76

二十六、行百里者半于九十 …………………………… 79

二十七、苟日新，日日新，又日新 …………………… 83

二十八、盲人骑瞎马，夜半临深池 …………………… 86

二十九、操千曲而后晓声，观千剑而后识器 …………… 89

三十、物必先腐也，而后虫生之 …………………… 92

一、如临深渊，如履薄冰

摘

诗经·小雅·
小旻之什·小旻

旻天疾威，敷于下土。谋犹回遹，何日斯沮？谋臧不从，不臧覆用。我视谋犹，亦孔之邛！

……

国虽靡止，或圣或否。民虽靡膴，或哲或谋，或肃或艾。如彼泉流，无沦胥以败。

不敢暴虎，不敢冯河。人知其一，莫知其他。战战兢兢，如临深渊，如履薄冰。

译　苍天太暴虐，灾难降我国。朝政谋邪道，何日才能辍？良策不听从，邪道用得欢。我看治国策，弊病大如山。

……

国虽没礼法，人民有贤愚。民虽不富足，或贤或善谋，或善严治国。国像长流水，不衰不沉没。

不敢去打虎，不敢去渡河。只知有危险，不知他灾祸。政局我惧怕，如临深水边，如行薄冰上。

古诗文引用范例解读

　　这是当时的贵族们在宴会上演唱的一首歌。西周初期，社会繁荣和谐。但西周中叶以后，尤其是西周末期，周室衰微，朝纲废弛，社会动荡，政治黑暗。这时，大量反映社会丧乱、针砭时政的怨刺诗出现了，这首《小旻》就是一首怨刺诗。

　　作者应该是西周王朝末期的一位官吏，他对当时统治者昏愦无道、是非不分、善恶不辨、听信邪僻之言、重用奸佞之臣的做法，进行了揭露、讽刺和抨击，表达了他愤恨朝政黑暗腐败却又忧国忧世的思想感情。

　　诗歌的开始指出王朝的政治灾难是"谋犹回遹"。这里，"谋犹"是谋划的意思；"回遹（yù）"是乖谬不正，行为不端的意思。"谋犹回遹"是说整个国家的政治谋略是诡异不端的，表现出作者对国家政治的愤慨和对未来命运的担忧。最后两章，又奉劝统治者，国家有各种人才，国王要择善而从。最后作者再次表达了自己对国事担忧的沉重心情，其中"战战兢兢，如临深渊，如履薄冰"三句，生动形象，寓意鲜明，成为著名的成语。《论语·泰伯篇》载：曾子有疾，召门弟子曰："启予足！启予手！《诗》云：'战战兢兢，如临深渊，如履薄冰。'而今而后，吾知免夫！小子！"这里，曾子告诫他的学生们，为人为事要终生小心谨慎。他也启发我们不论干什么都要有一颗敬畏之心，对生命要常怀敬畏，对自己的工作要小心谨慎。

　　《诗经》是我国第一部诗歌总集，收集了自西周初年至春秋中叶五百多年的三百零五篇诗歌。先秦称《诗经》为"诗"，后称"诗三百""三百篇"。西汉时被尊为儒家经典，才称为《诗经》并沿用至今。《诗经》大约成书于春秋时期，内容分为风、雅、颂三部分，其中"风"是地方民歌，有十五国风，共一百六十首；"雅"主要是朝廷乐歌，分大雅和小雅，共一百零五首；"颂"主要是宗庙乐歌，共四十首。《诗经》的表现手法主要是赋、比、兴。"赋"就是铺陈；"比"就是打比方；"兴"就是起兴。

《诗经》中思想和艺术价值最高的是民歌。相传周代设有采诗之官，每年春天，摇着木铎到民间收集民间歌谣，把能够反映民生喜乐疾苦的作品，整理后交给太师（负责音乐之官）谱曲，演唱给天子听，作为施政的参考。

《诗经》的基本语言形式是四言，间或杂有二言直至九言的句式。《诗经》在社会、文化、文学、艺术、历史、民俗等方面都具有重要参考价值。经过两千多年的沉淀，它已成为融入华夏文明血液的文化基因。

诗经·国风·郑风·子衿

青青子衿①，悠悠我心。纵我不往，子宁不嗣音②？
青青子佩③，悠悠我思。纵我不往，子宁不来？
挑兮达兮④，在城阙⑤兮。一日不见，如三月兮。

注释：①子衿：子，男子的美称。衿，即襟，衣领。②嗣音：传音讯。嗣，通"贻"，给、寄的意思。③佩：这里指系佩玉的绶带。④挑兮达兮：独自走来走去的样子。⑤城阙：城楼。

阅读随想

_____

_____

_____。

古诗文引用范例解读

二、长风破浪会有时，直挂云帆济沧海

行路难·其一

〔唐〕李　白

金樽清酒斗十千，玉盘珍羞直万钱。
停杯投箸不能食，拔剑四顾心茫然。
欲渡黄河冰塞川，将登太行雪满山。
闲来垂钓碧溪上，忽复乘舟梦日边。
行路难，行路难，多歧路，今安在？
长风破浪会有时，直挂云帆济沧海。

金杯里的美酒一斗价十千，玉盘里的美味价值万钱。
烦愁让我停杯扔筷不想吃，拔剑四周环顾心里茫然。
想渡黄河冰雪却封冻河川，想登太行可风雪封住山。
当年吕尚碧溪垂钓遇文王，伊尹梦里乘船过日月边。
世上行路多艰难！多艰难！眼前岔路这么多怎么办？
相信我能乘长风破万里浪，扬帆远航成功横渡碧海。

解

　　天宝元年（公元 742 年），李白奉诏入京，担任翰林供奉。他本是个才高志大的人，很想干一番大事业。可是入京后，他非但未被唐玄宗重用，还遭受权臣的谗毁排挤，两年后被"赐金放还"，撵出了长安。这首诗就大约作于天宝三年（公元 744 年）李白离

4

二、 长风破浪会有时，直挂云帆济沧海

开长安之时。

诗歌开头写"金樽清酒""玉盘珍羞"，给我们描绘了一个豪华盛大的宴饮场面。"嗜酒见天真"的李白，在平时肯定会"一饮三百杯"。但此时，他却"停杯投箸""拔剑四顾"，内心苦闷抑郁，感情激荡起伏。为什么呢？因为他人生的道路遇到了"冰塞川""雪满山"的艰难险阻。在感情极其低落之时，他忽然想到两位开始在政治上并不顺利，但最后终于大有作为的人物：姜尚和伊尹。姜尚八十岁在磻溪钓鱼，得遇文王；伊尹，在受聘于商汤前曾梦见自己乘舟绕日月而过，他们又给李白增强了信心。但瞻望前程，前路崎岖，歧途纵横，未来的路究竟在哪里呢？诗人的感情再一次经历了回旋。

但倔强而又自信的李白并没有气馁。他终于摆脱了彷徨和苦闷，唱出了"长风破浪会有时，直挂云帆济沧海"这样的诗句，充满了积极浪漫主义的情调，表达了他准备冲破一切阻力，去施展自己抱负的豪迈气概和乐观精神。

"行路难"是乐府古题，多咏叹世路艰难及贫困孤苦的处境。李白的这首诗虽抒发了怀才不遇的愤懑，但在悲愤中却不乏豪迈气概，在失意中仍对未来充满希望。

链接

李白（公元701年—公元762年），字太白，号青莲居士，唐朝浪漫主义诗人，被后人誉为"诗仙"。祖籍陇西成纪（待考），出生于西域碎叶城，四岁再随父迁至剑南道绵州。上元三年（公元762年），李白病重，在病榻上把手稿交给了李阳冰，赋《临终歌》与世长辞，终年六十一岁。其墓在今安徽当涂，四川江油、湖北安陆有纪念馆。李白存世诗文千余篇，有《李太白集》。李白一生不以功名显露，蔑视权贵，世间流传"力士脱靴""贵妃捧砚""御手调羹""龙巾拭吐"等故事，都是对他的赞美。他的诗豪迈奔放，清新飘逸，想象丰富，语言奇妙，立意新颖。

5

古诗文引用范例解读

登金陵凤凰台

〔唐〕 李 白

凤凰台上凤凰游，凤去台空江自流。
吴宫①花草埋幽径，晋代衣冠成古丘②。
三山半落青天外，二水③中分白鹭洲。
总为浮云能蔽日④，长安不见使人愁。

注释：①吴宫：三国时孙吴曾于金陵建都筑宫。②晋代：指东晋，南渡后也建都于金陵。衣冠成古丘：晋明帝当年为郭璞修建的衣冠冢豪华一时，然而到了唐朝诗人来看的时候，已经成为一个丘壑了。现今这里被称为郭璞墩，位于南京玄武湖公园内。③二水：一作"一水"。指秦淮河流经南京后，西入长江，被横截其间的白鹭洲分为二支。④浮云蔽日：比喻谗臣当道。

阅读随想

_____

_____

_____。

三、千淘万漉虽辛苦，吹尽狂沙始到金

 摘

浪淘沙九首（其八）

〔唐〕刘禹锡

莫道谗言如浪深，
莫言迁客似沙沉。
千淘万漉虽辛苦，
吹尽狂沙始到金。

 译

不要说流言蜚语如同凶恶的浪涛，
不要说贬职的人像泥沙颓废沉迷。
淘金要经过艰辛千万遍慢慢过滤，
淘尽泥沙才得到闪闪发光的黄金。

解

贞元年间（公元 785 年—公元 805 年），刘禹锡和柳宗元的改革在保守势力的联合反扑下失败。刘禹锡与柳宗元等八人先被贬为远州刺史，随即加贬为远州司马。穆宗长庆年间（公元 821年—公元 824 年），刘禹锡任夔州刺史，这期间，他创作了《浪淘沙》组诗，全诗共九首，本诗是其中的第八首。组诗的第九首末联云："令人忽忆潇湘渚，回唱迎神三两声"，说明作者或许是有感于屈原放逐沅湘间为民作迎神曲《九歌》，所以他也作九首。

古诗文引用范例解读

诗歌开头"莫道"两句，诗人以坚定的语气表明"谗言如浪深""迁客似沙沉"的现象不值一提，或者说即使谗言如"浪深"，迁客却也未必就"似沙沉"。他仿佛告诉人们，那些遭受不公正、身处迁谪逆境的人并不是都会像泥沙一样沉落江底，也有人正在努力奋争。诗歌的后两句，从字面意思看是在写淘金的人要经过"千淘万漉"，滤尽泥沙，最后才能得到闪闪发光的金子，写的是淘金人的辛苦劳动。更深一层的，诗人是在向世人表明自己的心志：尽管谗言诽谤和小人诬陷使得那些清白正直的忠贞之士蒙受不白之冤，被逐出朝廷，贬谪他乡。但是，这些人并不会因此而沉沦，也不会改变自己的初衷，他们在历经艰辛和磨难之后，终究会"吹尽狂沙"，发出耀眼的金光，显出英雄本色，表达了正义必定战胜邪恶的坚定信念。

链接

刘禹锡（公元772年—公元842年），字梦得，汉族，洛阳人。晚年自号庐山人。唐代哲学家、文学家、诗人，有"诗豪"之称。贞元九年（公元793年），进士及第。贞元末，与柳宗元等人形成了一个政治集团。由于触犯了藩镇、宦官和大官僚们的利益，在保守势力的联合反扑下，很快宣告失败。刘禹锡与柳宗元等八人先被贬为远州刺史，随即加贬为远州司马。这就是历史上著名的"八司马事件"。卒年七十，赠户部尚书。他性格刚毅，饶有豪猛之气，无论短章长篇，大都简洁明快，风清俊爽，有一种哲人的睿智和诗人的挚情渗透其中，极富艺术张力和雄深气势。刘禹锡诗文俱佳，涉猎题材广泛，与柳宗元并称"刘柳"，与韦应物、白居易合称"三杰"，并与白居易合称"刘白"，有《陋室铭》《竹枝词》《杨柳枝词》《乌衣巷》等名篇。

秋 词 二 首

〔唐〕 刘禹锡

其 一

自古逢秋悲寂寥，我言秋日胜春朝。
晴空一鹤排云上，便引诗情到碧霄。

其 二

山明水净夜来霜，数树深红出浅黄。
试上高楼清入骨，岂如春色嗾①人狂。

注释：①嗾（sǒu）：使唤狗。这里是"使"的意思。

阅读随想

古诗文引用范例解读

四、黑云压城城欲摧，甲光向日金鳞开

雁门太守行

〔唐〕李 贺

黑云压城城欲摧，
甲光向日金鳞开。
角声满天秋色里，
塞上燕脂凝夜紫。
半卷红旗临易水，
霜重鼓寒声不起。
报君黄金台上意，
提携玉龙为君死。

战争的乌云压来像要把城墙压垮，
铠甲的铁片在日光下像龙鳞闪光。
战斗的号角声在秋色里响彻天空，
塞上泥土夜色中被血染成胭脂色。
红旗半卷着兵临荆轲送别的易水，
天寒霜重湿透鼓皮战鼓低沉不响。
为报答国君招用贤才的厚爱诚意，
手舞玉龙宝剑甘愿为国血战到底。

《雁门太守行》是乐府旧题，它有较宽的押韵，不受太多格律的束缚，是古人的一种半自由诗。李贺生活在藩镇叛乱此起彼伏的时代，这首诗可能是写平定藩镇叛乱的战争。当时是元和二年（公元807年），李贺仅十七岁。

诗歌的首句既是写景，也是写事，写敌军兵临城下的紧张气氛和危急形势。其中一个"压"字，把敌军人马众多，来势凶猛，交战双方力量的悬殊、守军的艰难处境等淋漓尽致地表现了出来。次句写城内的守军，守城将士的甲衣在日光的映照下，金光闪闪，耀人眼目，他们正披坚执锐，严阵以待。第三、第四句分别从听觉和视觉两个方面铺写阴寒残酷的战地气氛。万木凋零的深秋，号角声在一片死寂中响起，一场惊心动魄的战斗正在进行，战斗从白天一直持续到夜晚，晚霞映照着战场，映照着胭脂般鲜红的血迹。

后四句写驰援部队的活动。"半卷"写黑夜行军，为了隐蔽所以偃旗息鼓。"临易水"既表明交战的地点，又暗示将士们怀着荆轲"风萧萧兮易水寒，壮士一去不复还"那样的豪情。无奈夜寒霜重，连战鼓也擂不响，面对重重困难，将士们毫不气馁。他们为了报答君主的厚爱，将挥舞宝剑同敌人战斗到底。

诗人就像一个高明的画家，特别善于着色，以色写物，以色感人，塑造出十分具体而动人的英雄人物形象，格调浓艳而壮烈。反映了作者投笔从戎，建功立业，但又得不到赏识的"英雄无用"的悲哀。

李贺（约公元790年—公元816年），字长吉，汉族，唐代河南福昌人，家居福昌昌谷，后世称李昌谷，是唐宗室郑王李亮的后裔。有"诗鬼"之称，是与"诗圣"杜甫、"诗仙"李白、"诗佛"王维相齐名的唐代著名诗人。李贺是中唐的浪漫主义诗人，与李白、

古诗文引用范例解读

李商隐称为"唐代三李"。他所写的诗大多是慨叹生不逢时和内心苦闷，抒发对理想、抱负的追求；对当时藩镇割据、宦官专权和人民所受的残酷剥削都有所反映。李贺的诗作想象极为丰富，经常运用神话传说来托古寓今，所以后人常称他为"鬼才""诗鬼"，创作的诗文为"鬼仙之辞"。有"太白仙才，长吉鬼才"之说。李贺是继屈原、李白之后，中国文学史上又一位颇享盛誉的浪漫主义诗人。李贺长期抑郁感伤，焦思苦吟，在元和八年（公元813年）因病辞去奉礼郎回昌谷，二十七岁便英年早逝。著有《昌谷集》。

李凭箜篌引①

〔唐〕李 贺

吴丝蜀桐张高秋，空山凝云颓不流。
江娥②啼竹素女③愁，李凭中国弹箜篌。
昆山玉碎凤凰叫，芙蓉泣露香兰笑。
十二门前融冷光，二十三丝动紫皇。
女娲炼石补天处，石破天惊逗秋雨。
梦入神山教神妪，老鱼跳波瘦蛟舞。
吴质④不眠倚桂树，露脚斜飞湿寒兔。

注释：①李凭：当时的梨园艺人，善弹奏箜篌。箜篌：古代弦乐器。引：一种古代诗歌体裁，篇幅较长，音节、格律一般比较自由，形式有五言、七言、杂言。②江娥：一作"湘娥"。③素女：传说中的神女。④吴质：即吴刚。

阅读随想

_____

_____

_____。

五、偷得浮生半日闲

题鹤林寺壁

〔唐〕李　涉

终日昏昏醉梦间，
忽闻春尽强登山。
因过竹院逢僧话，
偷得浮生半日闲。

整日混混沌沌沉醉如在梦中，
猛然发现春天将尽便去登山。
拜访寺院与僧人闲聊了很久，
纷扰人世暂且得到片刻清闲。

解 ───────────────────────────

　　这首诗写于李涉遭遇流放期间。第一句的"终日昏昏"和"醉梦"，写出了他极度消沉和一蹶不振的内心情绪与外在情态。诗人从"抑"起笔，为下文的"扬"作蓄势和铺垫。百无聊赖之际，浑浑噩噩之中，诗人忽然发现明媚的春光快要离去，于是强打精神登上南山，想以游览来排遣他积郁已久的愁苦与不快。这里的"春尽"，既指自然界的春天将要过去，又指人的青春即将逝去。他不愿就此消沉下去，不愿就这样枉费青春，于是，振作起精神

古诗文引用范例解读

"强登山"。来到一个被青山遮掩的清净寺院，无意之中碰到一位寺内的高僧，诗人与他谈禅悟道，闲聊了很久。也许诗人吐露了自己人生的失意与消沉，谈到了心中的苦闷与不快等。也许僧人告诉他要淡化功名利禄，劝他以平和的心态去面对残酷的现实，要笑对人生，憧憬未来。悠然闲聊，化解了积压在诗人心头的苦闷，沉重的内心突然变得释然。

结尾一句是诗歌的点睛之笔。"浮生"出自《庄子》中的"其生若浮"一语，意思是人生如无根的浮萍漂浮不定，无法控制自己的命运，故谓之"浮生"。饱受尘世之苦的诗人，顿然感觉得到了半天的安闲，虚静的内心感受到生命的春天就在这深山禅林之中，正如白居易在《大林寺桃花》中所说："长恨春尽无觅处，不知转入此中来。"一次盲目的春游，却寻找到了悠久恒长的春韵，寻找到了身心安泰的淡然境界。

李涉（约公元806年前后在世），唐代诗人。字不详，自号清溪子，今河南洛阳人。早年客居梁园，遇到兵乱，与弟李渤同隐庐山香炉峰下，后出山。唐宪宗时，曾任太子通事舍人。不久贬为峡州（今湖北宜昌）司仓参军，在峡中蹭蹬十年，遇赦放还，复归洛阳。文宗大和中，任国子博士，世称"李博士"。著有《李涉诗》一卷。存词六首。

据说李涉曾遇到一伙文化素质极高的强盗，他们听到李涉大名后，居然不行凶劫财，只要求他留下一首诗。于是李涉赠给他们这样一首诗："暮雨潇潇江上村，绿林豪客夜知闻。他时不用逃名姓，世上于今半是君。"强盗看完大喜，反而赠给他不少钱物。大唐豪贼，不劫财，却劫诗，留下千古佳话。

14

五、偷得浮生半日闲

偶 怀

〔唐〕李 涉

转知名宦是悠悠，分付空源始到头。
待送妻儿下山了，便随云水一生休。

阅读随想

_____

_____

_____。

古诗文引用范例解读

六、今朝有酒今朝醉，明日愁来明日愁

摘

自 遣

〔唐〕罗 隐

得即高歌失即休，
多愁多恨亦悠悠。
今朝有酒今朝醉，
明日愁来明日愁。

译

有机会唱便高歌机会稍纵即逝，
心中愁恨全然不理依然乐悠悠。
今天既然有酒就喝个酩酊大醉，
明日有忧愁那就等到明天再愁。

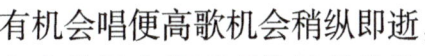

　　罗隐生活于晚唐，当时的社会政治极端腐败，再加上他仕途坎坷，十举进士而不第，于是他便化进取为愤怒，视功名如烟云，以激愤的心情、锐利的笔锋，揭露晚唐社会的丑恶，批判封建统治的腐败，抒发胸中的愤懑之情。《自遣》就是这样的一首诗作。

　　整首诗歌以半是自白、半是劝世的口吻来写。首句说不必患得患失，应尽情享乐。次句说纵然"多愁多恨"也不往心里去，依

16

然悠闲自在。第三句是脍炙人口的名句，劝导人们：如果失意无法排解，那就借酒消愁。结尾一句，流露出了穷途末路的诗人的无奈与伤心。因为"醉"只能短暂地消除愁，酒醒之后，旧愁加上新愁，那就愁更愁了。

曹操曾经喊出过"何以解忧？唯有杜康"，但罗隐不同，他是以酒浇愁，是无可奈何，是愤嫉之情，而不是"及时行乐"，不是放歌纵酒。诗歌塑造了一个活脱脱的纵酒高歌的旷士形象，这个形象虽有政治上失意后颓唐的一面，也有愤世嫉俗令人赞叹的一面，表现出旧时代知识分子对晚唐黑暗现实另一种形式的抗争。

诗名《自遣》，是自我排遣宽慰的意思。但阅读此诗，诗人的"愁"和"恨"并没有排遣掉，因为他的"愁"和"恨"是社会之愁，家国之愁，这些愁是诗人无法解决的。因而他只有采取这种带有一定的消极成分的玩世不恭的态度。

链接

罗隐（公元833年—公元910年），字昭谏，新城（今浙江富阳）人，唐代著名的道家诗人。罗隐小时候便在乡里以才学出名，他的诗和文章都很出众，为时人所推崇，他和同族另外两个有才的人被合称"三罗"。大中十三年底（公元859年）至京师，应进士试，总共七年皆不第，于是改名为罗隐。咸通八年（公元867年）自编其文为《谗书》，更为统治者所憎恶，他后来又断断续续考了几年，总共考了十多次，自称"十二三年就试期"，最终还是铩羽而归，史称"十上不第"。黄巢起义后，避乱隐居九华山，光启三年（公元887年）五十五岁时归乡依吴越王钱镠，历任钱塘令、司勋郎中、给事中等职。后梁开平三年十二月十三日去世。著有《谗书》《太平两同书》等，有《歌诗集》十四卷。

古诗文引用范例解读

曲江春感

〔唐〕罗 隐

江头日暖花又开，江东行客心悠哉。
高阳酒徒半凋落，终南山色空崔嵬。
圣代也知无弃物，侯门未必用非才。
一船明月一竿竹，家住五湖归去来。

阅读随想

_____

_____

_____。

七、少年辛苦终身事，莫向光阴惰寸功

题弟侄书堂

〔唐〕杜荀鹤

何事居穷道不穷，乱时还与静时同。
家山虽在干戈地，弟侄常修礼乐风。
窗竹影摇书案上，野泉声入砚池中。
少年辛苦终身事，莫向光阴惰寸功。

为什么居室简陋但道德知识却没有变差，
战乱时期还是与和平时期一样追求文道。
故乡虽然处在两军交战的战场经常打仗，
但弟侄依然严格修身学习礼乐蔚然成风。
窗外翠绿的竹影随清风在书桌轻轻摇曳，
野外泉水声汇入砚台而写出美丽的诗画。
年轻时努力读书学习是终身受益的大事，
不要在流逝的光阴中让自己有丝毫放松。

解

　　这首诗是杜荀鹤为侄子的书堂所题写的诗，作为长辈写给晚辈，杜荀鹤拿捏得很合适。
　　他首先表扬侄子虽然家境不富，居住的不是高堂华屋，却能

古诗文引用范例解读

在纷乱的世道像和平时期一样，守住内心的安静，安道守贫，追求文道，追求知识，谨守礼道，勤奋修业。即使家乡已成为交战之地，但弟侄依然不为外界所扰，信守儒家尊奉的道德规范，重视修身立德的家风。赞美之情溢于言表。由此，我们也似乎看到了书堂主人的独特精神风貌。

写完了家风写完了人，诗人再来写写书堂之景：窗外绿竹摇曳，竹影婆娑，竹影投射在书案上，远处淙淙的泉水声，传入书堂，那流水仿佛流入了书案的砚池。这一段非常精彩，仿佛是写书堂的景，写弟侄伏案苦读、砚池墨耕的情形。其实又暗示弟侄写文章要追求自然，把大块烟云、山川美景都呈现在案头，写进文章。写法上把视觉与听觉相结合，仿佛既看到摇曳的竹影，又听到潺潺的水声。

尾联是诗人对侄子的劝勉之辞，他劝弟侄要珍惜时光，不要荒废学业。一个沉稳仁慈的长者形象呈现在我们的眼前。

这首诗的语言平实自然，质朴之至，没有让人费解的字句，仿佛从诗人心中自然流出，毫无半点雕琢痕迹，我们不能不佩服诗人语言艺术的高超。

杜荀鹤（公元846年—公元904年），字彦之，自号九华山人，池州石埭（今安徽石台）人。晚唐现实主义诗人。杜荀鹤少年时，因家境贫寒辍学，投奔九华山秀林峰，寄宿僧舍，苦读于山中，自诩是"江湖苦吟士，天下最穷人"。青年时期，累举考不第。直到大顺二年（公元891年）四十六岁时，才中进士（第八名）。当时政局动乱，未就官职，还乡闲居。杜荀鹤才华横溢，仕途坎坷，终未酬志，在诗坛却享有盛名，自成一家，擅长宫词。因长期置身于九华山怀抱，吟咏九华山面貌的诗篇甚多，具有鲜明的时代色彩。后入南唐，授为翰林学士。不久即病逝。

杜荀鹤是晚唐著名的现实主义诗人。他提倡诗歌要继承风雅传统，反对浮华，其诗作平易自然，朴实明畅，清新秀逸。著有《唐风集》（十卷），其中三卷收录于《全唐诗》。

客居他乡写的《秋日怀九华旧居》流露出弃官归隐九华的心情和身在异地恋乡之苦。在《自江西归九华有感》《题所居村舍》和《山中寡妇》等诗篇中揭露了政治昏暗、酷吏残忍、军阀混战、民不聊生的社会现象，反映了人民的疾苦与呼声，是当时社会生活的真实写照。

山 中 寡 妇

〔唐〕杜荀鹤

夫因兵死守蓬茅，麻苎①衣衫鬓发焦②。
桑柘废来犹纳税，田园荒后尚征苗。
时挑野菜和根煮，旋斫生柴带叶烧。
任是深山更深处，也应无计避征徭。

注释：①麻苎（zhù）：即苎麻。②鬓发焦：因吃不饱，身体缺乏营养，头发变成枯黄色。

阅读随想

_____

_____

_____。

古诗文引用范例解读

八、浩渺行无极，扬帆但信风

送朴山人归新罗

〔唐〕尚　颜

浩渺行无极，
扬帆但信风。
云山过海半，
乡树入舟中。
波定遥天出，
沙平远岸穷。
离心寄何处？
目断曙霞东。

浩瀚的大海无边无涯，扬起风帆向彼岸进发。
望海面白云堆积如山，在船上望见家乡树林。
海浪平静现碧远蓝天，眼前只见沙滩海岸线。
依依别情何处去倾诉？望断朴山归去的天边。

解

　　这首诗是唐朝末年湖北荆门僧尚颜赠别朝鲜隐士朴（piáo）山人所写的一首五言律诗。朴山人是朝鲜国旅华的隐士，关于他的生平事迹没有详细记载。"山人"是隐士的别称。"新罗"是朝鲜的古称。

22

八、浩渺行无极，扬帆但信风

诗歌的第一联，作者想象当朴山人即将启程返回故乡时，眼前浩渺无边的大海无际无涯，他远帆高挂顺风而行，正可谓"风正一帆悬"，这风是顺风，是好风，表达了诗人对友人的美好祝愿。它和李白的"长风破浪会有时，直挂云帆济沧海"有异曲同工之妙。第二联，面对大海，诗人看到的是海天上堆积如山的白云，想象他坐在船上，由于思乡心切，眺望故乡，仿佛看见了故乡那久别的大树。第三联，写诗人自己。朴山人的船渐行渐远，最后在诗人的视线中消失，海浪平静下来，看到的只有海天一线和那曲折延伸的海岸沙滩。但诗人依然不肯离去，静静地伫立在那里，望着朴山人远去的方向。这一幕情景和李白的"孤帆远影碧空尽，唯见长江天际流"颇为相像，表达了诗人的依依不舍之情。诗歌的结尾，直抒胸臆。最后一联，写诗人离别后的怀想之情。当友人归去，天各一方，只有向东方太阳升起的地方（指新罗）遥望祝福。以景结情，含不尽之情。

全诗语言精炼，意境优美，富有感情。

尚颜（生卒年月不详），字茂圣，俗姓薛，汾州（今山西汾阳）人。唐末湖北荆门僧，也是著名的诗僧。出身于书香官宦之家，能诗善文。诗以五言为主，与齐己、栖蟾、虚中等同时且互相酬唱，原有诗集五卷，已散亡，《全唐诗》存其诗三十四首。

怀智栖上人

〔唐〕尚　颜

临水登山自有期，不同游子暮何之。
闲眠默坐身堪赏，已去还来事可知。

古诗文引用范例解读

林鸟隔云飞一饷，草虫和雨叫多时。
思君最易令人老，倚槛空吟所寄诗。

阅读随想

_____
_____
_____。

九、山重水复疑无路，柳暗花明又一村

摘

游 山 西 村

〔宋〕陆 游

莫笑农家腊酒浑，
丰年留客足鸡豚。
山重水复疑无路，
柳暗花明又一村。
箫鼓追随春社近，
衣冠简朴古风存。
从今若许闲乘月，
拄杖无时夜叩门。

译

不要笑农家腊月里酿的酒浑浊，
丰收年景里待客菜肴非常丰盛。
山重水叠路曲正担心无路可走，
柳绿花艳眼前又出现一个山村。
吹箫打起鼓春社日子已经接近，
村民们衣冠简朴古风仍然保存。
今后如能乘大好月色出外闲游，
我定拄着拐杖随时来敲你家门。

宋孝宗乾道三年（公元 1167 年）初春，陆游被罢官闲居在家。此前，他积极主张抗金北伐，后遭到朝廷中主和投降派的排挤打击。陆游回到家乡，心中充满苦闷和激愤，但他并未心灰意冷。他在农村生活中感受到了光明和希望，并将这种感受倾泻到自己的诗歌里。这首诗就创作于此时。

首联渲染出丰收之年农村一片宁静、欢悦的气象。农家酒味虽薄，待客情意却十分深厚。一个"足"字，表达了农家款客尽其所有的盛情。次联写山间水畔的景色，写景中寓含哲理，千百年来广泛被人引用。"山重水复疑无路，柳暗花明又一村"，我们仿佛可以看到诗人在青翠的山峦间漫步，清泉在曲折的溪流中流淌，草木繁茂，山径蜿蜒。正当迷惘之际，眼前突然花明柳暗，农家茅舍，隐现于花木之间，让人顿觉豁然开朗。兴奋之状，可以想见。生活中我们往往也有这样的情况：山回路转、出路难寻，但只要锲而不舍，继续前行，就会豁然开朗，出现一个前所未见的新天地。诗句不仅反映了诗人对前途所抱的希望，也道出了世间事物消长变化的哲理，因而具有很强的艺术感染力。接着诗人描摹了南宋初年的农村风俗画卷，读者不难体味出诗人所要表达的对传统文化的深爱之情。古老的乡土风俗让作者感到身心愉悦、安宁，他希望以后，能经常拄杖乘月，轻叩柴扉，与老农亲切絮语。一个热爱家乡、与农民亲密无间的诗人形象跃然纸上。

陆游（公元 1125 年—公元 1210 年），字务观，号放翁，汉族，越州山阴（今浙江绍兴）人，南宋文学家、史学家、爱国诗人。他生活于北宋灭亡之际，少年时即深受家庭爱国思想的熏陶。宋高宗时，参加礼部考试，因受秦桧排斥而仕途不畅。宋孝宗即位后，赐进士出身，历任隆兴府通判等职，因坚持抗金，屡遭主和派排斥。宋光宗年间，升为礼部郎中兼实录院检讨官，不久即因"嘲咏风月"被罢官归居故里。嘉泰二年（公元1202年），宋宁宗诏陆游入京，主持编修孝宗、光宗《两朝实录》和《三朝史》，官至宝章阁待制。书成后，陆游长期蛰居山阴，嘉定二年（公元1210年）与世长辞，留绝笔《示儿》。

陆游的原配夫人是同郡唐姓士族的一个大家闺秀唐氏（一说唐氏即陆游的表妹唐琬），他们是一对情投意合的恩爱夫妻。而陆母却棒打鸳鸯，给儿子另娶王氏为妻，母命难违，二人终于被迫分离。七年以后的一个春日，陆游在家乡山阴城南禹迹寺附近的沈园，与偕夫同游的唐氏邂逅。唐氏安排酒肴，聊表对陆游的抚慰之情。陆游见人感事，心中感触很深，遂乘醉吟赋《钗头凤》，并信笔题于园壁之上。

钗 头 凤

〔宋〕陆 游

红酥手，黄縢①酒。满城春色宫墙柳。东风②恶，欢情薄。一怀愁绪，几年离索。错，错，错。

春如旧，人空瘦。泪痕红浥③鲛绡④透。桃花落，闲池阁。山盟虽在，锦书难托。莫，莫，莫！

注释：①黄縢（téng）：此处指美酒。宋代官酒以黄纸为封，故以黄封代指美酒。②东风：喻指陆游的母亲。③浥（yì）：湿润。④鲛绡（jiāo xiāo）：神话传说中鲛人所织的绡，极薄，后用以泛指薄纱，这里指手帕。

阅读随想

古诗文引用范例解读

十、人生自古谁无死，留取丹心照汗青

过零丁洋

〔宋〕文天祥

辛苦遭逢起一经，
干戈寥落四周星。
山河破碎风飘絮，
身世浮沉雨打萍。
惶恐滩头说惶恐，
零丁洋里叹零丁。
人生自古谁无死？
留取丹心照汗青。

译

我熟读经书由科举入仕历尽辛苦，
抗元战争消歇已熬过了四个年头。
国家山河破碎如同狂风中的柳絮，
个人身世沉浮如同骤雨击打浮萍。
惶恐滩妻儿被俘我至今依然惶恐，
零丁洋身陷元虏可叹我孤苦伶仃。
人生从古至今有谁能够长生不死？
我要留一片爱国的忠心映照史册。

宋祥兴二年（公元 1279 年），文天祥在广东海丰北五坡岭兵败被俘，次年囚禁在船上过零丁洋时写作了这首诗。

首联从自己二十岁中进士说起，自叙生平，思今忆昔。主要写两件大事：一是他读书入仕，从此他个人的命运与国家的命运紧密地联系在一起；二是毁家报国，起兵勤王，这是关系国家存亡的大事。"干戈寥落"说明当时天下像他那样高举义旗，为国奋战者已寥寥无几，这悲切哀怨的自述，也暗含着对苟且偷生者的愤慨和谴责。

第二联是对上联的具体描写。"风飘絮""雨打萍"形象地勾画出人民流离、国家风雨飘摇的景象。这两句对偶严密工整，形式上韵律协调；内容先后映衬，相得益彰。

第三联进一步就家国身世而抒发情怀。他利用"惶恐滩"与"零丁洋"两个地名的多义性，构成重叠复沓的句式，传神地表现了他战败时"惶恐"的心境与今日的"零丁"处境。这两句工对精巧，读来铿锵有力。

尾联借用自问自答的句式，表达自己誓死不降、以身殉国的高洁志向。这两句直抒胸臆，气势磅礴，表现了诗人视死如归的英雄气概。全诗格调顿然一变，由沉郁转为开拓、豪放、洒脱。

据说敌人看到文天祥这首诗，尤其是尾联这两句，连称："好人，好诗！"诚然，文天祥把作诗与做人，诗格与人格，都融汇于一体。笔力千钧，因此掷地有声，成为一曲千古不朽的壮歌。

文天祥（公元 1236 年—公元 1283 年），初名云孙，字宋瑞，一字履善。自号文山、浮休道人。江西吉州庐陵（今江西吉安）人，宋末政治家、文学家，爱国诗人，抗元名臣，民族英雄，与陆秀夫、张世杰并称为"宋末三杰"。宝祐四年（公元 1256 年）状元

古诗文引用范例解读

及第,官至右丞相,封信国公。在元兵大举渡江,南宋局势岌岌可危的紧急关头,他在赣州组织义军,率兵奔赴临安(南宋都城)保卫皇室。不久奉命前往元军兵营谈判被扣留,后冒险逃到温州,拥立益王赵昰,以图复国。他募集将士,抵御元兵,转战赣、闽、岭南,兵败被俘,拘囚在燕京四年,敌人多方诱降,始终不肯屈服,从容就义,终年四十七岁。著有《文山诗集》《指南录》《指南后录》《正气歌》等。

南 海

〔宋〕文天祥

竭来南海上,人死乱如麻。
腥浪拍心碎,飙风吹鬓华。
一山还一水,无国又无家。
男子千年志,吾生未有涯。

阅读随想

_____
_____
_____。

十一、千磨万击还坚劲，任尔东西南北风

竹 石

〔清〕郑 燮

咬定青山不放松，
立根原在破岩中。
千磨万击还坚劲，
任尔东西南北风。

竹子咬定青山不放松，
扎根在深深的岩缝中。
万千磨炼身骨仍坚劲，
任凭酷暑盛夏四面风。

解

　　这首诗题写在郑燮的《竹石图》中，是一首寓意深刻的题画诗。诗歌开头的"咬定"二字，把岩竹拟人化，形象地写出了岩竹的神态和它顽强的生命力；后两句写岩竹虽然经历了无数次的磨难，但它依然英俊挺拔，毫不畏惧东西南北狂风的击打。

　　郑燮的一生，经历了许多坎坷，饱尝了世态炎凉和酸甜苦辣，他把自己的情感都糅进他的作品中。他任山东潍县知县时，曾作过一幅《潍县署中画竹呈年伯包大中丞括》，画中的题画诗云：

31

古诗文引用范例解读

"衙斋卧听萧萧竹，疑是民间疾苦声，些小吾曹州县吏，一枝一叶总关情。"这里，画中的竹子已俨然不是自然界的竹子，而是板桥的化身，他从衙斋萧萧的竹声，联想到百姓啼饥号寒的怨声，身为小小的州县官，他心中装着百姓，老百姓的一举一动都牵动着他的感情。

这首诗是一首托物言志的诗，表面写竹，其实是写人，诗中的竹象征着诗人，他面对种种艰难困苦，宁折不弯，决不向任何恶势力屈服。《竹石图》画的是三两枝瘦劲的竹子，从石缝中挺然而立，坚韧不拔，遇风不倒，郑板桥借竹抒发了自己洒脱、豁达的胸臆，表达了勇敢面对现实，决不肯与黑暗社会同流合污的铮铮傲骨，竹子被人格化了。所以，结尾的"任"字，生动传神地写出了百折不挠、顶天立地的诗人形象。

全诗短短四句，无僻字，不用典，通俗流畅，有着一股震撼人心的力量。

链接

郑燮（xiè）（公元1693年—公元1765年），字克柔，号理庵，又号板桥，人称郑板桥，江苏兴化人，祖籍苏州。应科举为康熙秀才，雍正十年（公元1732年）举人，乾隆元年（公元1736年）进士。官山东范县、潍县县令。为"扬州八怪"之一，其诗、书、画世称"三绝"，擅画兰竹。

他做官前后，均居扬州，以书画营生。工诗、词，善书、画。他的画擅花卉木石，尤长兰竹。画兰叶以焦墨挥毫，藉草书中之中竖，长撇运之，多不乱，少不疏，脱尽时习，秀劲绝伦；书法也别致，隶、楷参半，自称"六分半书"；他的印章笔力朴古。他为人疏放不羁，以进士选县令，日事诗酒，及调潍县，因岁饥为民请赈，惹怒大吏，罢官归家，居扬州，寄情山水之中。著有《板桥全集》，是清代比较有代表性的文人画家。

兰（八首）

〔清〕郑 燮

其 一
素心兰与赤心兰，总把芳心与客看。
岂是春风能酿得，曾经霜雪十分寒。

其 七
兰花与竹本相关，总在青山绿水间。
霜雪不凋春不艳，笑人红紫作客顽。

阅读随想

古诗文引用范例解读

十二、苟利国家生死以，岂因祸福避趋之

赴戍登程口占示家人

〔清〕林则徐

力微任重久神疲，
再竭衰庸定不支。
苟利国家生死以，
岂因祸福避趋之？
谪居正是君恩厚，
养拙刚于戍卒宜。
戏与山妻谈故事，
试吟断送老头皮。

译 我能力低微却肩负重任已筋疲力尽，
衰老平庸之躯再担重任将不能支撑。
只要对国家有利我将置生死于不顾，
哪里会因为有祸就躲有福就迎上前？
我被贬谪到伊犁正是君王恩情高厚，
我还是退隐当一名戍边的士卒适宜。
与老妻戏言当年东坡赴诏狱的故事，
且吟诵"这回断送老头皮"为我送行。

道光二十一年（公元 1841 年），抗英英雄林则徐遭投降派诬陷，被道光帝革职，发配伊犁。他在古城西安与妻子离别时，满腔愤怒，写下此诗。

首联正话反说，我以微薄的力量为国担当重任，早已感到疲惫。如果继续下去，再而衰，三而竭，无论自己衰弱的体质还是平庸的才干必定无法支持。第二联是百余年来广为传颂的名句，也是全诗的思想精华之所在，"生死以"，语出《左传·昭公四年》：郑国大夫子产因改革军赋制度受到别人毁谤，他说："苟利社稷，死生以之。"它表现了林则徐刚正不阿的高尚品德和忠诚无私的爱国情操。第三联说，到边疆做一个多干体力活、少动脑子的戍卒，对我正好是养拙之道。从字面上看似乎心平气和、逆来顺受，其实心底却埋藏着剧痛，细细咀嚼，似有万丈波澜。尾联从苏轼《东坡志林》中的一个故事生发而来：宋真宗时，访天下隐者，杞人杨朴奉召廷对，自言临行时其妻送诗一首云："更休落魄贪杯酒，亦莫猖狂爱咏诗。今日捉将官里去，这回断送老头皮。"杨朴借这首打油诗向宋真宗表示不愿入朝为官。林则徐巧用此典幽默地说："我跟老伴开玩笑，这一回我也变成杨朴了，弄不好会送掉老命的。"言外之意，是含蓄地向道光帝表示："我也伺候够您了，还是让我安安生生当老百姓吧。"体味这首七律，当能感觉出它和屈原的《离骚》一脉相通的心声。

林则徐（公元 1785 年—公元 1850 年），福建省侯官（今福建福州）人，字元抚，又字少穆、石麟，晚号侯村老人、俟村退叟、七十二峰退叟、瓶泉居士、栎社散人等，是清朝时期的政治家、思想家和诗人，官至一品，曾任湖广总督、陕甘总督和云贵总督，两次受命钦差大臣；因其主张严禁鸦片，在中国有"民族英雄"之誉。

古诗文引用范例解读

　　1839年，林则徐于广东禁烟时，派人明察暗访，强迫外国鸦片商人交出鸦片，并将没收鸦片于1839年6月3日在虎门销毁。虎门销烟使中英关系陷入极度紧张状态，成为第一次鸦片战争，英国入侵中国的借口。

　　尽管林则徐一生力抗西方入侵，但对于西方的文化、科技和贸易则持开放态度，主张学其优而用之。根据文献记载，他至少略通英、葡两种外语，且着力翻译西方报刊和书籍。晚清思想家魏源将林则徐及幕僚翻译的文书合编为《海国图志》，此书对晚清的洋务运动乃至日本的明治维新都具有启发作用。

　　1850年11月22日，林则徐在普宁老县城病逝。

戏为塞外绝句（之六）①

〔清〕林则徐

天山万笏②耸琼瑶③，导我西行伴寂寥。
我与山灵相对笑，满头晴雪共难消。

　　注释：①这是林则徐被遣戍新疆伊犁途中写的一首诗。②笏（hù），古代大臣朝会时所拿的手板，长方形。③琼瑶：美玉。

阅读随想

十三、玉不琢，不成器

三字经（节选）

人之初，性本善。
性相近，习相远。
苟不教，性乃迁。
教之道，贵以专。
昔孟母，择邻处。
子不学，断机杼。
窦燕山，有义方。
教五子，名俱扬。
养不教，父之过。
教不严，师之惰。
子不学，非所宜。
幼不学，老何为。
玉不琢，不成器。
人不学，不知义。

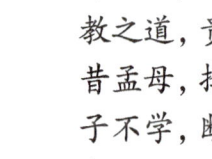 人生下来时本性都是善良的，本性彼此都很接近，但由于后天所处的生活环境和学习环境不同，性情也就有了很大的差别。

如果从小不好好教育，善良的本性就会变坏。为了使人不变坏，最重要的方法就是要专心一致地去教育孩子。

当年孟子的母亲三次搬家，就是为了使孟子有个好的学习环境。孟子逃学，孟母就折断了织布的机杼来教育孟子。

古诗文引用范例解读

五代时，燕山人窦禹钧教育孩子很有方法，他教育的五个儿子都很有成就，同时科举成名并且名声远扬。

生养子女却不给予良好的教育，这是做父亲的过错。教育学生没有严格的要求，这是做老师的懒惰。

小孩子不好好学习，是很不应该的。如果少年时不努力读书学习，长大以后还能有什么作为呢？

一块没有经过雕琢过的玉石，不能成为精美的玉器。一个人不努力学习，就不会懂得知识和道理。

《三字经》按照内容可分为六个部分，每部分都围绕一个中心。这里选的是第一部分，主要阐述教育和学习对儿童成长的重要性，如果后天教育及时且方法正确，能使儿童成为有用之才。

第一句说，人生下来时本性都是善良的，本性彼此接近，但后天的生活环境和学习环境不同，使得人的性情也有很大的差别。需要说明的是，关于人性，即使在儒家学派的内部，看法也不统一，有性善、性恶、有善有恶三种说法，并且争论从来没有停止过，这说明人性是复杂的。第二句说，专心一致地教育孩子是保持人善良本性最重要的方法。第三句以孟母三迁的故事说明生活环境和学习环境对人成长的重要性。第四句讲了一个五代人窦燕山教育孩子"五子登科"的真实故事。"义方"就是指他仗义疏财，修桥铺路，济难扶困，成为一个善人并且呕心沥血地去教育自己的五个孩子。第五句说，人把孩子生下来，你还有要去教育他的责任。同时也强调了老师的责任，老师有了责任，也就有了尊严，这就是中国传统文化中的"师道尊严"。第六句说，少年是一个人学习、成长的关键期，必须在这一时期打下深厚的基础，孩子长大后才能有所作为。第七句，中国文化传统中"君子比德于玉"，常用琢玉来比喻完善人的修养，琢就是把玉加以雕琢，使之成为精美的玉器。以此来说明一个人不努力学习，就不会懂得知识和道理。

《三字经》，是中国的传统启蒙教材，是中国古代经典中最浅显易懂的读本之一。它取材广泛，包括中国传统文化中的文学、历史、哲学、天文地理、人伦义理、忠孝节义等，其核心思想包括"仁、义、诚、敬、孝"等。在格式上，它三字一句，朗朗上口，具有通俗、顺口、易记等特点，与《百家姓》《千字文》并称为中国传统蒙学三大读物，合称"三百千"。

对于《三字经》的成书年代和作者，历代说法不一，人们倾向的观点认为是宋朝王应麟所作，王应麟为了教育本族子弟读书，于是编写了融会经史子集的三字歌诀。时人觉得这本书内容很好，纷纷翻印，因此广为流传，历久不衰，成为历朝历代最重要的童蒙养正教材之一。

《三字经》内容，不同历史时期皆有所修改或增加。目前所见的有宋末元初的 1068 字本，明代的 1092 字本，明末的 1122 字本，清初的 1140 字本及 1170 字本等多个版本。清末民初的著名学者章太炎先生的《三字经》增订本，是近一个世纪以来流传最广的版本。

三字经（节选）

口而诵，心而惟。朝于斯，夕于斯。晏虽幼，身已仕。有为者，亦若是。

犬守夜，鸡司晨。苟不学，曷为人。蚕吐丝，蜂酿蜜。人不学，不如物。

幼而学，壮而行。上致君，下泽民。扬名声，显父母。光于前，裕于后。

人遗子，金满籝。我教子，唯一经。勤有功，戏无益。戒之哉，宜勉力。

古诗文引用范例解读

阅读随想

_____

_____

_____。

十四、功崇惟志，业广惟勤

摘 **尚书·周书·周官**（节选）

戒尔卿士，功崇惟志，业广惟勤，惟克果断，乃罔后艰。位不期骄，禄不期侈。恭俭惟德，无载尔伪。作德，心逸日休；作伪，心劳日拙。居宠思危，罔不惟畏，弗畏入畏。推贤让能，庶官乃和，不和政庞。举能其官，惟尔之能。称匪其人，惟尔不任。

译 告诉你们各位卿士：功勋崇高是由于志向远大，事业广大是由于勤奋不怠，只有果敢决断，才能没有后来的艰难。身居官位不应当骄傲，享受俸禄不应当奢侈，谦恭和节俭是美德啊！不要做欺诈虚伪的事。做好事就会心安理得，日子会越过越好；做伪诈的事就会心虚，一日不如一日。处于尊宠要想到危险，无事不当敬畏，不知敬畏，就会进入可畏的境地。推举贤明而让能者，众官就会和谐，众官不和，政事就变得复杂。推举有能力的人在合适的官位上是你们的贤能。如果推举的不是那种有贤能的人，是你们不胜任自己的工作。

解

《尚书·周书·周官》详细地讲述了周代设官、分职、居官的方法。周成王灭了淮夷，回到王都丰邑，向群臣说明周朝王室设官

古诗文引用范例解读

分职用人的法则。史官记叙这件事，所以取名《周官》。

周成王的话分三部分，这部分告诫群臣敬恭职守，治理政事，永安兆民。周成王告诫他的各级官长：为官要有远大的志向，要有广远的心胸，更要勤政廉政，勤勉工作而不能懈怠。在做出决策时要果敢，不能优柔寡断，错失良机。身居高位不要骄狂奢侈，必须恪守恭敬节俭的美德。同时，为政以德，不要做虚假的事。彼此和谐，选贤任能，这是为官之道。

这段话对曾国藩影响很大。清朝咸丰十一年（公元 1860 年）八月，湘军与太平天国军进行最后的激战，曾国藩夺取了太平军坚守九年的安庆。八月十八日深夜，在安庆的战船上，曾国藩提笔给家乡的兄弟子侄写信，信中他没有描述安庆激战的情况，也没有夸耀他的骄人战绩，而是郑重地写道："位不期骄，禄不期侈，凡贵家之子弟，其矜骄流于不自觉，凡富家之子弟，其奢侈流于不自觉，势为之也。欲求家运绵长，子弟无傲慢之容，房室无暴殄之物，则庶几矣。右书诒沅弟并示家中子侄。"曾国藩写给四弟曾国荃的信，并要求家中每一个子侄后辈都看到。曾国藩不仅对自己要求极高，勤修自身，对家族也严格教导，要求子侄勤俭，戒骄戒奢，在权势与富贵面前保持气节与操守。

链接

《尚书》是中国汉民族第一部古典散文集和最早的历史文献，它以记言为主，是儒家经典之一，又称《书》或《书经》。它是中国上古历史文献和部分追述古代事迹著作的汇编。

自汉以来，《尚书》有今文《尚书》和古文《尚书》两种不同的传本。《汉书·艺文志》说，《尚书》原有一百篇，孔子编纂并为之作序。

《尚书》的"尚"常见的有三种解释方法：一种认为"上"是"上古"的意思，《尚书》就是"上古的书"；另一种认为"上"是"尊崇"的意思，《尚书》就是"人们所尊崇的书"；还有一种认为

"上"是"君上（即君王）"的意思，因为这部书的内容大多是"臣下"对"君上"言论的记载，所以叫做《尚书》。

《尚书》在作为历史典籍的同时，向来也被文学史家称为中国最早的散文总集，是和《诗经》并列的一个文体类别。但这些散文之中，用今天的标准来看，绝大部分应属于当时官府处理国家大事的公务文书，准确地讲，它应是一部体例比较完备的公文总集。

尚书·虞书·大禹谟（节选）

克勤于邦，克俭于家，不自满假，惟汝贤。汝惟不矜，天下莫与汝争能。汝惟不伐，天下莫与汝争功。予懋乃德，嘉乃丕绩，天之历数在汝躬，汝终陟元后。人心惟危，道心惟微，惟精惟一，允执厥中。无稽之言勿听，弗询之谋毋庸。

翻译：能勤劳于国，能节俭于家，不自满自大，只有你贤。你不自夸，天下就没有人与你争高下；你不夸功劳，所以天下没有人与你争功。我赞美你的德行，嘉许你的大功。上天的大任落到你的身上了，你终将升为大君。人心都是危险的，而道心精妙难以觉察，唯有专心守一，才能言行不偏不倚，符合中正之道。没有根据未经考查的话不要听，没有征询过意见的谋划不能采用。

阅读随想

_____

_____

_____。

古诗文引用范例解读

十五、从善如登，从恶如崩

摘

国语·周语下（节选）

谚曰："从善如登，从恶如崩。"昔孔甲乱夏，四世而殒。玄王勤商，十有四世而兴。帝甲乱之，七世而殒。后稷勤周，十有五世而兴，幽王乱之，十有四世，守府之谓多，胡可兴也？

译 谚语说："行善如同登山一样艰难，作恶如山崩一样容易。"过去孔甲扰乱夏政，只传了四代就灭亡了。玄王振兴商朝，经历十四代才成功。帝甲扰乱殷政，传了七代就灭亡了。后稷振兴周朝，经历了十五代才成功。幽王扰乱周政以来已经十四代了，能守住现有的家当已属幸事，怎么还会兴盛呢？

解

春秋末期，周敬王的王子名叫朝的，兴兵作乱，占领了首都洛邑。周敬王逃亡到刘，又到滑，后来在晋军的援救下才进到成周这个地方。王子朝出奔到楚国，他的同党还控制着洛邑。周敬王不敢回洛邑，就在成周住下。周王的卿士刘文公和大夫苌弘准备在成周筑起城来，即以成周为首都。为了取得诸侯的支持，苌弘派人先到晋国去征求意见。晋国执政的魏献子同意苌弘的主张，并且愿意联合诸侯，支持在成周筑城建都。这时，卫国的大夫彪傒听说筑城的事，却并不赞成。他去见周王的卿士单穆公，并对单穆公说了上面的一番话。"从善如登，从恶如崩"后来成为成语流传了下来。

"如登"，就是如同登山，形容艰难；"如崩"，就是如同山崩，说明容易。它告诉人们：学好、向上难；学坏、堕落易。强调追求善的道德就像登山一样，需要一步一步努力攀登，只有不懈地努力，才能达到光辉的顶点。而做恶事，则是很容易的，就像山石崩塌一样，顺势而下，不可阻止，滚落深渊。

其实，追求善是人天生的本性，是根本。而人的恶，是由物欲引起的，物欲如果没有礼义的引导、约束，人就会走向邪路。它说明一个人，一个群体，一个社会，形成好的风气，凝聚起从善的精神，是日积月累的事；而走向颓靡，走向衰败，则是极其容易的。

《国语》是中国最早的一部国别体著作。它记录了周朝王室和鲁国、齐国、晋国、郑国、楚国、吴国、越国等诸侯国的历史。上起周穆王十二年西征犬戎（约公元前947年），下至智伯被灭（公元前453年）。包括各国贵族间朝聘、宴飨、讽谏、辩说、应对之辞以及部分历史事件与传说。全书二十一卷，其中《周语》三卷，《鲁语》二卷，《齐语》一卷，《晋语》九卷，《郑语》一卷，《楚语》二卷，《吴语》一卷，《越语》二卷。

关于《国语》的作者，自古存在争议，迄今未有定论。最早提出《国语》作者为左丘明的是西汉大史学家司马迁。他在《报任安书》中说："左丘失明，厥有《国语》。"但晋朝以后，许多学者都怀

古诗文引用范例解读

疑这类说法。到了现代，普遍看法是，《国语》是战国初期一些熟悉各国历史的人，根据当时周朝王室和各诸侯国的史料，经过整理加工汇编而成。

国语·周语下（节选）

夫政象乐，乐从和，和从平。声以和乐，律以平声。金石以动之，丝竹以行之，诗以道之，歌以咏之，匏以宣之，瓦以赞之，革木以节之。物得其常曰乐极，极之所集曰声，声应相保曰和，细大不逾曰平。

翻译：施政就像奏乐，奏乐要求和谐，和谐要求均平。五音用来和谐乐调，十二律用来均平音声。钟磬奏出乐音，琴瑟笙箫衍成曲调，诗句用以表达，歌声用以咏唱，笙竽发出和声，埙缶加以装饰，鼓柷规范节拍，各种乐器都能发挥作用称为乐极，所发出的声响汇集在一起称为乐音，乐音和谐相应称为和，高低音声不相干扰称为平。

阅读随想

_____

_____

_____。

十六、锲而不舍，金石可镂

摘

劝 学（节选）

〔战国〕荀 况

积土成山，风雨兴焉；积水成渊，蛟龙生焉；积善成德，而神明自得，圣心备焉。故不积跬步，无以至千里；不积小流，无以成江海。骐骥一跃，不能十步；驽马十驾，功在不舍。锲而舍之，朽木不折；锲而不舍，金石可镂。

译 堆积土石成了高山，风雨就会从这里兴起；汇积水流成为深渊，蛟龙就从这里产生；积累善行养成高尚的品德，那么就会养成高度的智慧并具备圣人的精神境界。所以不积累一步半步的行程，就没有办法达到千里之远的地方；不聚集细小的流水，就没有办法汇成江河大海。骏马一跃不能有十步远；劣马拉车走十天也能走得很远，它的成功就在于它不停地走。如果刻几下就停下来了，那么腐烂的木头也刻不断；如果不停地刻下去，那么金石也能雕刻成功。

古诗文引用范例解读

解 ───────────────────────

　　荀子的《劝学》是为人们所广泛传诵的名篇，其中的警句，已成为勉励学习常用的成语。原文开篇就写道："君子曰：学不可以已。"这不仅是《劝学》的第一句，也是整个《荀子》的第一句。孔子《论语》的第一句也谈学习："子曰：学而时习之，不亦说乎！"荀子自称是孔子的继承人，在新的认识论基础上，他发展了儒家的"劝学"传统，把学习的重要性提到了一个新的高度。

　　上面这段话，先设两个比喻说明学习要注意积累，他指出人只要努力学习，"积善积德"，就可以具备圣人的思想。接着，他又进行阐述："故不积跬步，无以至千里；不积小流，无以成江海。"从反面设喻来说明积累的重要。然后，他又反复设喻对比：先以"骐骥一跃，不能十步"与"驽马十驾，功在不舍"相比，再以"锲而舍之，朽木不折"与"锲而不舍，金石可镂"相比，从而充分显示出"不舍"的重大意义，这样，学习要注意积累的道理，也就进一步得到了证明。通过层层比喻，我们清楚地理解了学习必须持之以恒的道理。需要注意的是：荀子这种用比喻说理的写法，在先秦诸子散文中是很罕见的，这是他的一种独创。

　　荀子强调学习的重要性，提倡虚心求教、循序渐进、坚持不懈、专心致志等方法，这都是学习经验的总结，具有普遍意义，值得我们借鉴。

链接

　　荀子（约公元前313年—公元前238年），名况，字卿，汉族，战国末期赵国人。著名思想家、文学家、政治家，时人尊称"荀卿"。曾三次出任齐国稷下学宫的祭酒，后为楚兰陵（今山东兰陵）令。后来失官居家著书，死后葬于兰陵。据司马迁在《史记》中的记载，荀况是赵国人，但是，战国末期，赵国的疆域纵横两千里，荀子的出生地到底在何处，却是直到今天仍然众说纷纭的话

十六、锲而不舍，金石可镂

题。以至于荀子成为历史名人中极少见的只有"国籍"，没有"故籍""户籍"的人。

荀子是我国先秦儒家最后的代表，朴素唯物主义思想集大成者。韩非和李斯都是他的学生。荀子的著作有《荀子》二十卷。该书由《论语》《孟子》的语录体发展为有标题的论文，标志着古代说理文的进一步成熟。他的散文说理透彻、语言质朴，多排比句，又善用比喻。《劝学》是《荀子》的第一篇。

劝 学（节选）

〔战国〕荀 况

吾尝终日而思矣，不如须臾之所学也。吾尝跂而望矣，不如登高之博见也。登高而招，臂非加长也，而见者远；顺风而呼，声非加疾也，而闻者彰。假舆马者，非利足也，而致千里；假舟楫者，非能水也，而绝江河。君子生非异也，善假于物也。

翻译：我曾经整天思索，却不如片刻学到的知识多。我曾经踮起脚跟远望，却不如登到高处看得广阔。登到高处招手，胳膊没有比原来加长，可是别人在远处能看见；顺着风呼喊，声音没有比原来加大，可是听的人听得很清楚。借助车马的人，并不是脚走得快，却可以行千里；借助舟船的人，并不是能游水，却可以横渡江河。君子的本性跟一般人没什么不同，只是君子善于借助外物罢了。

阅读随想

_____

_____

_____。

49

古诗文引用范例解读

十七、治大国，若烹小鲜

摘

道德经·第六十章

〔春秋〕老　子

治大国，若烹小鲜，以道莅天下，其鬼不神。非其鬼不神，其神不伤人。非其神不伤人，圣人亦不伤人。夫两不相伤，故德交归焉。

译　治理大国，如同烹煎小鱼。用"道"治理天下，鬼神起不了作用，不仅鬼神不起作用，而且鬼神的作用也伤不了人。不但鬼神的作用伤害不了人，圣人有道也不会伤害人。这样，鬼神和有道的圣人都不伤害人，所以，就可以让人民享受到德的恩泽。

这段文字讲的是治国的道理，"治大国，若烹小鲜"是老子所讲的一句传颂很广的名言。"烹小鲜"就是煎烹小鱼，他用烹鱼比作治国。小鱼很鲜嫩，煎烹时如果用刀乱切或在锅里频频搅动，鱼肉就碎了。国家的统治者治理国家，要像煎小鱼那样，不要常常翻弄。老子是无神论者，他并不相信鬼神。这里是说，鬼神都不伤害人，治理国家的统治者，就更不能够伤害、烦扰人民了。

　　"治大国，若烹小鲜"这句话，带有"无为而治"的思想，是老子"无为"的主张在政治上的运用。老子很看重"无为"，提出"为无为"，"无为而无不为"，反复地强调这个道理，这是他对"道法自然"见解的发挥。的确，这句话喻示着为政的关键，在于安静无为，不扰害百姓，否则，灾祸就要来临。为政要保证国家的平安，执政者就必须小心谨慎，认真严肃，不能以主观意志随意左右国家政治，这句话用极其形象、简洁的语言概括了这个极其复杂的治国谋略。设想，如果以个人的主观愿望去改变社会，朝令夕改、朝三暮四、忽左忽右，老百姓就会无所适从，国家就会动乱不安。相反，如果国家制定的政策法令能够得到坚定不移地贯彻执行，就会收到富国强兵之效。只要治国者守道无为，潜在的邪恶势力就无机可乘、无祸可作。各种势力互不骚扰伤害，各守其静，天下就会相安无事。

　　老子（约公元前571年—约公元前471年），姓李名耳，字聃。华夏族（汉族），楚国苦县厉乡曲仁里人。他是我国古代伟大的哲学家和思想家、道家学派创始人，被唐朝帝王追认为李姓始祖。老子乃世界文化名人，存世有《道德经》（又称《老子》），其作品的精华是朴素的辩证法，主张无为而治，其学说对中国哲学发展具有深刻影响。在道教中，老子被尊为道教始祖。老子与后世的庄子并称"老庄"。

　　老子在出函谷关前著有五千言的《老子》一书，又名《道德经》或《道德真经》。《道德经》《易经》和《论语》被认为是对中国人影响最深远的三部思想巨著。《道德经》分为上下两册，共八十一章，前三十七章为上篇道经，第三十八章以后属下篇德经，全书的思想结构是：道是德的"体"，德是道的"用"。全文共计五千字左右。

古诗文引用范例解读

道德经·第十二章

〔春秋〕老 子

五色令人目盲；五音令人耳聋；五味令人口爽；驰骋畋猎，令人心发狂；难得之货，令人行妨。是以圣人为腹不为目，故去彼取此。

翻译：缤纷的色彩使人眼花缭乱；纷繁的音调使人听觉失灵；丰盛的食物使人舌不知味；纵情狩猎使人心情放荡发狂；稀有的物品使人行为不轨。因此，圣人只求吃饱肚子而不追逐声色之娱，所以摒弃物欲的诱惑而保持安定知足的生活方式。

阅读随想

_____

_____

_____。

十八、不患寡而患不均

（摘）

论语·季氏（节选）

〔春秋〕孔 子

孔子曰："求！君子疾夫舍曰欲之而必为之辞。丘也闻有国有家者，不患寡而患不均，不患贫而患不安。盖均无贫，和无寡，安无倾。夫如是，故远人不服，则修文德以来之。既来之，则安之。今由与求也，相夫子，远人不服，而不能来也；邦分崩离析，而不能守也；而谋动干戈于邦内。吾恐季孙之忧，不在颛臾，而在萧墙之内也。"

（译）孔子说："冉求，君子痛恨那种不肯实说自己想要那样做，而又一定要找出理由来为之辩解的作法。我听说，对于诸侯和大夫，不怕分得少，而怕分配不均匀；不怕贫穷，而怕不安定。由于财富平均了，也就没有所谓贫穷；大家和睦，就不会感到人少；安定了，也就没有倾覆的危险了。因为这样，所以如果远方的人还不归服，就用仁、义、礼、乐招待他们；已经来了，就让他们安心住下去。如今仲由和冉求两人辅佐季孙，远方的人不归服，却不能用文治教化招致；国家支离破碎，却不能保全，反而想在国境以内使用武力。我恐怕季孙的忧愁不在颛臾，却在内部里面。"

孔子生活在动荡、变革的时代，当时"礼崩乐坏"，诸侯纷争。季氏将要攻打附庸国颛臾，这事是在"陪臣执国政"的鲁国的特殊背景下发生的。"陪臣"指的是孟孙氏、叔孙氏、季孙氏三家。他们的先祖即庆父、叔牙和季友，都是鲁桓公的儿子、鲁庄公的弟弟，号称"三桓"。到孔子时，"三桓"执鲁国国政已达一百六七十年之久。

事情发生后，冉求、仲由两人参见孔子，孔子对他们说了一番话。这里所选是孔子所说的话的节选。他批评了仲由这样不说"自己想要如何"，却另外找一套理由来掩饰的自欺欺人的行为，也批评了仲由这种推诿的态度，可谓一针见血。接着，孔子正面提出了自己的政治理想：治理国家，不怕财富少，而怕财富不均。要推行仁义礼乐的教化，招致并安抚远方的人。如今仲由和冉求两人辅佐季孙，远方的人不归服，却不能用文治教化招致；国家支离破碎，却不能保全；反而想在国境以内使用武力，指出冉求等人在这件事上有着无法推卸的责任。最后指出这种"谋动干戈于邦内"的行为会导致祸起萧墙。

孔子的政治理想是：修文德，行仁政，使近者悦，远者来。他不主张通过军事手段解决问题，而希望通过仁、义、礼、乐的方式解决问题。这里，孔子提出"不患寡而患不均，不患贫而患不安""既来之，则安之""祸起萧墙"等，对后代人的影响很大。

孔子（公元前 551 年—公元前 479 年），名丘，字仲尼，春秋时期鲁国陬邑人（今山东曲阜），祖籍宋国夏邑（今河南商丘夏邑）。中国著名的大思想家、大教育家、政治家。孔子开创了私人讲学的风气，是儒家学派的创始人。

孔子曾受业于老子，带领部分弟子周游列国十四年，晚年修订

"六经"（即《诗》《书》《礼》《乐》《易》《春秋》）。相传他有弟子三千，贤弟子七十二人。孔子去世后，其弟子及其再传弟子把孔子及其弟子的言行语录和思想记录下来，整理编成儒家经典《论语》。

孔子在古代被尊奉为"天纵之圣""天之木铎"，是当时社会上最博学者之一，被后世统治者尊为孔圣人、至圣、至圣先师、万世师表。其儒家思想对中国和世界都有深远的影响，孔子被列为"世界十大文化名人"之首。

论语·雍也（节选）

〔春秋〕孔　子

夫仁者，己欲立而立人，己欲达而达人。能近取譬，可谓仁之方也已。

翻译：所谓仁，就是自己要立足也让别人立足，自己要通达也让别人通达。凡事能就近以自己作比而推己及人，这可以说就是实行仁的方法了。

阅读随想

古诗文引用范例解读

十九、终身之计，莫如树人

摘

管子·权修第三（节选）

〔春秋〕管　子

一年之计，莫如树谷；十年之计，莫如树木；终身之计，莫如树人。一树一获者，谷也；一树十获者，木也；一树百获者，人也。我苟种之，如神用之，举事如神，唯王之门。

译

作一年的打算，不如去种植五谷；作十年的打算，不如去种植树木；作终身的打算，不如去培养人才。种谷，是一种一收；种树，是一种十收；培育人才，是一种百收的事情。如果我们注重培养人才，其效用将是神奇的；而如此举事收得神效的，只有王者之门才能够做到。

解

这段话曾经被两个外国元首引用：2011年1月19日，美国总统奥巴马为当时的中国国家主席胡锦涛举行盛大国宴，宴会上，奥巴马也引用了"一年之计，莫如树谷；十年之计，莫如树木；终身之计，莫如树人"这句谚语，表明美中友谊会不断向前发展。2013年6月29日对中国进行国事访问的韩国总统朴槿惠在清华大学以"韩中心信之旅，共创新 20 年"为题发表演讲，她说："我见到各位清华大学的学子们，就想起了中国古谚《管子》中的一段句子：'一年之计，莫如树谷；十年之计，莫如树木；终身之计，莫如树人'。"可见，这几句话在外国元首的眼中也是经典名句，因而被反复引用。

鲁迅先生原名周树人，也是取自此意，承载了长辈对晚辈的厚望与寄托。中国自古就有人才思想，如孔子提出"举贤才"，墨子提出"尚贤"，孟子提出"尊贤使能"，管子还提出"争天下者必先争人"的思想，这些都是我国古代朴素的人力资源理论。它告诉我们：要精心地培育人才，正确地使用人才。而人才的培养，百年大计，教育为本。在我们所处的知识经济时代，竞争的核心就是人才的竞争。因此，培养人才，是国家发展的前提，培养人才，是中华民族腾飞的基础。

管仲（约公元前 719 年—公元前 645 年），姬姓，管氏，名夷吾，字仲，谥敬，春秋时期法家代表人物；被称为管子、管夷吾、管敬仲，颍上（今安徽颍上）人，周穆王的后代；是中国古代著名的哲学家、政治家、军事家，被誉为"法家先驱""圣人之师""华夏第一相"。

管仲的思想集中体现于《管子》一书。此书原有八十六篇，至唐又亡佚十篇，今本存七十六篇，托名春秋管仲著。其实《管子》同先秦许多典籍一样，既非一人之著，亦非一时之书。它是一部稷下黄老道家学派的文集汇编，也是研究我国古代特别是先秦时期学术文化思想的重要典籍。

古诗文引用范例解读

管子·权修第三（节选）

〔春秋〕管　子

地之守在城，城之守在兵，兵之守在人，人之守在粟。故地不辟则城不固。有身不治，奚待于人？有人不治，奚待于家？有家不治，奚待于乡？有乡不治，奚待于国？有国不治，奚待于天下？天下者，国之本也。国者，乡之本也。乡者，家之本也。家者，人之本也。人者，身之本也。身者，治之本也。

翻译：国土的保障在于城池，城池的保障在于军队，军队的保障在于人民，而人民的保障在于粮食。因此，土地不开辟，就会造成城池不巩固。君主不能治理自身，怎么能治理别人？不能治人，怎能治家？不能治家，怎能治乡？不能治乡，怎能治国？不能治国，怎能治理天下？所以，天下是国家的根本，国家是乡的根本，乡是家的根本，家是人的根本，人是身体的根本，身体又是治世的根本。

阅读随想

_____

_____

_____。

二十、蠹众而木折，隙大而墙坏

摘

商君书·修权第十四（节选）

〔战国〕商　鞅

夫废法度而好私议，则奸臣鬻权以约禄，秩官之吏隐下而渔民。谚曰："蠹众而木折，隙大而墙坏。"故大臣争于私而不顾其民，则下离上。下离上者，国之"隙"也。秩官之吏隐下而渔百姓，此民之"蠹"也。故有"隙""蠹"而不亡者，天下鲜矣。是故明主任法去私，而国无"隙""蠹"矣。

译　废除法度喜欢私议，那么奸臣就会买官来求得俸禄，常设的官吏就会隐瞒民情而渔利百姓，这就是人民的蠹虫。谚语说："蛀虫多了，树木就会折断，缝隙大了，墙就会倒塌。"所以大臣争相谋取私利而不顾及百姓，那么民众就会远离君主，民众远离君主就是国家的"缝隙"。国家常设的官吏隐瞒下情渔利民众的利益，他们就是民众的"蛀虫"。国家有了"蛀虫""缝隙"而不灭亡的，天下很少有。因此，贤明的君主注重法律摒去私利，国家就不会有"蛀虫""缝隙"了。

商鞅主张"法律面前，人人平等"，因而他执法不避权贵、刑上大夫，表明他坚决贯彻法家主张的决心。

　　"修权"就是修整权力，探讨如何使用权力。商鞅认为，治理好国家需要三个因素：即法度、信用和权力。权力由君主掌握，法度、信用由君主和臣下共同建立并遵守，这三者不可偏废。在谈到"隙"与"蠹"时，商鞅的分析可谓入木三分，他尖锐地指出了"下离上"和"秩官之吏隐下以渔百姓"的实质和危害性。权力不使用好，就会渐渐变质。变质的权力如同蠹虫，一蠹固然不能断木，小隙或许不至墙坏，但"千里之堤，毁于蚁穴"，蠹虫多了，树木终会毁坏，缝隙大了，墙终究会倒塌，是一个从量变到质变的过程。

　　北宋的罗大经在《鹤林玉露》中载有这样一则故事：张乖崖在崇阳当地方官，一天，他发现一个库工从库房出来时，其鬓旁巾下藏有一文钱，于是就责问他，结果查出钱是从库房中拿出来的，张乖崖就命令下属棍棒惩罚。那个库工狡辩说："一文钱，小事情，你怎么能棒打我呢？你就算能棒打我，也不能杀我。"张乖崖提笔评判道："一日偷一钱，千日偷千钱，时间长了，绳子能锯断木头，水能滴穿石头。"他就自己走下台阶，用剑将那个库工斩了，然后到府中详细说明事情的经过并揭发自己的罪过。张乖崖这个举动，表面看是为了一文钱，其实质意义远非于此。

链接

　　商鞅（约公元前395年—公元前338年），战国时代政治家、改革家、思想家，法家代表人物，卫国（今河南省安阳市内黄县梁庄镇）人，卫国国君的后裔，姬姓公孙氏，故又称卫鞅、公孙鞅。后因在河西之战中立功获封商于十五邑，号为商君，故称之为商鞅。商鞅年轻时受李悝、吴起的影响很大，喜欢刑名法术之学，他通过变法使秦国成为富裕强大的国家，史称"商鞅变法"。公元前

338 年，秦孝公逝世，其子秦惠文王继位。秦孝公去世的同年，商鞅因被公子虔诬陷谋反，战败死于彤地，其尸身被带回咸阳，处以车裂后示众。

《商君书》又称《商子》，是由商鞅的言行和思想及法家后学著作汇编而成，是法家学派的代表作品之一。关于《商君书》的作者，学术界颇有争论。第一种意见认为《商君书》基本是伪书；第二种意见基本肯定《商君书》的作者是商鞅；第三种意见认为《商君书》是商鞅遗著与其他法家遗著的合编，此书非作于一人，也非写于一时。

商君书·修权第十四（节选）

〔战国〕商　鞅

国之所以治者三：一曰法，二曰信，三曰权。法者，君臣之所共操也；信者，君臣之所共立也；权者，君之所独制也。人主失守则危，君臣释法任私必乱。故立法明分而不以私害法则治，权制独断于君则威，民信其赏则事功成，信其刑则奸无端。

翻译：国家安定治理有三个因素：一是法度，二是信用，三是权力。法度是君臣共同执掌的；信用是君臣共同树立的；权力是君主独自控制的，君主失去掌握的权力国家就会陷入危机。如果君臣抛弃法度只顾私利，国家必然混乱，所以确立法度明确公私的界限，并且不因为私利而损害法度，国家就会治理安定。权力独掌在君主手中就能树立威信。百姓相信君主的赏赐，那么事业就会成功；百姓相信君主的惩罚，那么犯罪就不会发生。

阅读随想

古诗文引用范例解读

二十一、宰相必起于州部，猛将必发于卒伍

摘

韩非子·显学（节选）

〔战国〕韩 非

观容服，听辞言，仲尼不能以必士；试之官职，课其功伐，则庸人不疑于愚智。故明主之吏，宰相必起于州部，猛将必发于卒伍。夫有功者必赏，则爵禄厚而愈劝；迁官袭级，则官职大而愈治。夫爵禄大而官职治，王之道也。

译　　如果只看一个人的相貌服饰，只听他说话的言辞，就是孔子也不能断定这个人的能力；可是在官位职位上检验，考核他办事的成效，就是平庸的人也能看出他是愚蠢还是聪明的。所以，贤明君主手下的官吏、宰相必定是从地方官中选拔上来的，猛将一定是从士兵队伍中挑选出来的。那些有功劳的人必定给予奖赏，他们受到的俸禄越优厚他们就越得到鼓励；不断地升官晋级，那么官职越高他们就越能办事。官高禄厚而官职得到治理，这才是称王天下的正道。

韩非生活的时代，是战国七雄——秦、齐、楚、赵、韩、魏、燕用武力争夺天下的时代。一方面是刀枪剑戟，血雨腥风；另一方面是说客、策士横行天下，有的人早上还是普通百姓，晚上就贵为卿相。社会需要能言善辩之士，韩非却受口吃的影响，不善于言谈。他不善口辩便以笔辩，文章写得洋洋洒洒，词锋犀利，论理透辟，气势不凡。

在《韩非子·显学》节选内容中，韩非子论述了如何提拔官员的问题，主张不是看一个人的相貌服饰及言辞，而是看他的能力及在职位上的工作业绩。他提出了"宰相必起于州部，猛将必发于卒伍"的主张，这一主张，就是强调在实际工作岗位上，根据一个人的能力和工作实绩来提拔官员。其实，这种做法古代已屡见不鲜。东晋名相桓温任过荆州刺史，唐朝名相韩休任过虢州刺史，裴度任过河阴尉，北宋范仲淹任过亳州集庆军节度推官、兴化县令、陕西经略安抚招讨副使，王安石历任扬州签书判官、鄞县知县、舒州通判、常州知州等。

古代一些名将也大多是行伍出身的。汉朝的飞将军李广是从弓箭手升为大将的，三国时名将关羽曾任马弓手、张飞曾任步弓手，直到明清时期，行伍出身仍然是将军的主体。只有在基层锻炼，才能汲取实践的智慧，掌握客观规律，才能在更高层次上发挥作用，所以，基层是培养人才的摇篮。

韩非（约公元前280年—公元前233年），汉族，战国末期著名思想家、法家代表人物，被尊称为韩非子或韩子。他是战国末期韩国君主韩王之子，荀子的学生。韩非子虽然是荀子的弟子，思想主张却与荀子大大相反，他没有承袭荀子的儒家思想，却爱好"刑名法术"之学，且归本于"黄老之学"。作为秦国的法家代

古诗文引用范例解读

表，备受秦王嬴政赏识，却遭到李斯等人的嫉妒，最终被下狱毒死。他被誉为得老子思想精髓最多的二人之一（另一人为庄周）。著有《韩非子》一书，共五十五篇，十万余字，重点宣扬了法、术、势相结合的法治理论，达到了先秦法家理论的最高峰。

韩非子·显学（节选）

〔战国〕韩　非

夫圣人之治国，不恃人之为吾善也，而用其不得为非也。恃人之为吾善也，境内不什数；用人不得为非，一国可使齐。为治者用众而舍寡，故不务德而务法。

翻译：圣人治理国家，不是依赖人们自觉为自己做善事，而是要人们不能做坏事。要是靠人们自觉地为自己办善事，国内找不出多少人；要是形成人们不敢做坏事的局面，能使全国整齐一致地做到。治理国家的人需要采用多数人都能遵守的措施，舍弃只有少数人才能做到的办法，因此不应该推崇德治，而应该实行法治。

阅读随想

_____

_____

_____。

64

二十二、富贵不能淫，贫贱不能移，威武不能屈

摘

孟子·滕文公下（节选）

〔战国〕孟　子

景春曰："公孙衍、张仪岂不诚大丈夫哉？一怒而诸侯惧，安居而天下熄。"

孟子曰："是焉得为大丈夫乎？子未学礼乎？丈夫之冠也，父命之；女子之嫁也，母命之，往送之门，戒之曰：'往之女家，必敬必戒，无违夫子！'以顺为正者，妾妇之道也。

居天下之广居，立天下之正位，行天下之大道；得志，与民由之；不得志，独行其道。富贵不能淫，贫贱不能移，威武不能屈，此之谓大丈夫。"

译

景春说："公孙衍、张仪难道不是真正的大丈夫吗？他们一发怒，诸侯就害怕，他们安居家中，天下就太平无事。"

孟子说："这哪能算是大丈夫呢？你没有学过礼吗？男子行加冠礼时，父亲训导他；女子出嫁时，母亲训导她，送她到门口，告诫她说：'到了你家，一定要恭敬，一定要谨慎，不要违背丈夫！'以顺从为原则的，是妾妇之道。至于大丈夫，则应该住在天下最宽广的住宅里，站在天下最正确的位置上，走着天下最光明的大道。得志的时候，便与老百姓一同前进；不得志的时候，便独自

坚持自己的原则。富贵不能使其骄奢淫逸，贫贱不能使其改移节操，威武不能使其屈服意志，这样才叫作大丈夫。"

这是孟子和当时纵横家的信徒景春的一段对话，他们在谈论魏国著名的说客公孙衍和著名的政治家、外交家张仪。

景春认为公孙衍和张仪能够左右天下诸侯，引起国与国之间的战争，他们"一怒而诸侯惧，安居而天下熄"，是了不起的男子汉大丈夫。孟子却认为公孙衍、张仪他们靠摇唇鼓舌、曲意顺从诸侯的意思，没有自己仁义道德的原则，如同女人，奉行的是"妾妇之道"，算不上是大丈夫。

孟子提出了大丈夫的标准："富贵不能淫，贫贱不能移，威武不能屈。"怎样才能做到呢? 那就要有一个更大的胸怀，站在天下最正确的位置上，行走在天下最光明的大道上。得志的时候，便与老百姓一同前进;不得志的时候，便独自坚持自己的原则。即"穷则独善其身，达则兼济天下。"(《孟子·尽心上》)这才是真正的堂堂正正的大丈夫。

西汉时的苏武就是典型的大丈夫。汉武帝时，苏武奉命出使匈奴国，匈奴国首领扣留了他，并胁迫他投降，先用畜群、财富、官位等条件引诱他，引诱不成又把他流放到极其艰苦的偏远地方牧羊，断绝他的饮食来源，企图用艰苦贫困的生活迫使他就范。苏武威武不屈、贫贱不移，也不为富贵所诱惑，在匈奴国被囚十九年，始终保持节操。后来，他终于回到汉朝。

孟子的这段"大丈夫"名言，至今仍闪耀着思想和人格的光辉。

孟子(约公元前 372 年—公元前 289 年)，名轲，字子舆，华

夏族，周朝诸侯国邹国（今山东邹城）人。他是孔子的孙子孔伋的再传弟子。相传他是鲁国姬姓贵族公子庆父的后裔。孟子是战国时期伟大的思想家、教育家，儒家学派的代表人物，与孔子并称"孔孟"。政治上，孟子主张法先王、行仁政；学说上，他推崇孔子，反对杨朱、墨翟。孟子继承并发展了孔子的思想，但较之孔子的思想，他又加入自己对儒术的理解。他主张仁政，提出"民贵君轻"的民本思想，游历于齐、宋、滕、魏、鲁等诸国，希望效法孔子推行自己的政治主张，前后历时二十多年，但孟子的仁政学说被认为是"迂远而阔于事情"，而没有得到实行。著《孟子》七篇：《梁惠王》上下；《公孙丑》上下；《滕文公》上下；《离娄》上下；《万章》上下；《告子》上下；《尽心》上下。南宋时朱熹将《孟子》与《论语》《大学》《中庸》合在一起称"四书"。

孟子·尽心下（节选）

〔战国〕孟　子

孟子曰："民为贵，社稷次之，君为轻。是故得乎丘民而为天子，得乎天子为诸侯，得乎诸侯为大夫。"

翻译：孟子说："百姓最为重要，国家其次，国君为最轻。所以，得到民心的做天子，得到天子欢心的做国君，得到国君欢心的做大夫。"

阅读随想

_____

_____

_____。

古诗文引用范例解读

二十三、和如羹焉

摘

左传·昭公二十年（节选）

〔春秋〕左丘明

齐侯至自田，晏子侍于遄台，子犹驰而造焉。公曰："惟据与我和夫！"晏子对曰："据亦同也，焉得为和？"公曰："和与同异乎？"对曰："异。和如羹焉，水、火、醯、醢、盐、梅，以烹鱼肉，燀之以薪，宰夫和之，齐之以味，济其不及，以泄其过。君子食之，以平其心。君臣亦然。君所谓可而有否焉，臣献其否以成其可；君所谓否而有可焉，臣献其可以去其否。是以政平而不干，民无争心。故《诗》曰：'亦有和羹，既戒既平。鬷嘏无言，时靡有争。'先王之济五味、和五声也，以平其心，成其政也。声亦如味，一气，二体，三类，四物，五声，六律，七音，八风，九歌，以相成也。清浊，小大，短长，疾徐，哀乐，刚柔，迟速，高下，出入，周疏，以相济也。君子听之，以平其心。心平，德和。"

译 景公从打猎的地方回来，晏子在遄台随侍，梁丘据也驾着车赶来了。景公说："只有梁丘据与我和谐啊！"晏子回答说："梁丘据也不过是相同而已，哪里能说是和谐呢？"景公说："和谐与相同有差别吗？"晏子回答说："不同。和谐就像做肉羹，

68

二十三、和如羹焉

用水、火、醋、酱、盐、梅子来烹调鱼和肉，用柴火烧煮。厨工调配味道，使各种味道恰到好处；味道不够就增加调料，味道过重就用水冲淡一下。君子吃了这种肉羹，用来平和心性。国君和臣下的关系也是这样。国君认为可以的，其中也包含了不可以，臣下进言指出其不足，为使国君说得更加完备；国君认为不可以的，其中也包含着可以的，臣下进言指出其中可以的，去掉不可以的成分。因此，政事平和而不相互违背，百姓没有争斗之心。所以《诗经》中说：'还有调和的好羹汤，五味兼备又适中。敬献神明来享用，上下和睦不争斗。'先王使五味相互调和，使五声和谐动听，用来平和他的心性，成就他的政业。音乐的道理也像味道一样，由一气、二体、三类、四物、五声、六律、七音、八风、九歌各方面相配合而成，由清浊、小大、短长、疾徐、哀乐、刚柔、快慢、高下、出入、周疏各方面相调节而成。君子听了这样的音乐，可以平和心性。心性平和了，德行就协调了。"

解

齐景公有一个宠臣叫梁丘据，景公告诉晏婴说，只有梁丘据跟他"和"，于是，晏婴说了下面一段关于"和"与"同"的对话。

"和"与"同"，表面上看起来很相似，它们的表现也有一致性，但在实质上，它们完全不同。"同"，是绝对的一致，既无变动，也没有多样性，因而它代表了单一和沉闷，没有内在活力和动力，没有生命力。"和"是相对一致性，是多中有一，一中有多，是各种相互不同、相互对立的因素通过相互调节而达到的一种统一态、平衡态。因而它既不是相互抵消、溶解，也不是简单地排列组合，而是融合不同因素的积极方面结成和谐统一的新整体。所以它具有内在生命力和再生力。厨师做汤，其中有鱼、有肉和醋、酱、盐、梅子等各种佐料，用火烹调，这样就可以"济其不及，以泄其过"。个别的味道有不足的，可以在新的统一中得到补充；味道太过的，在新的统一中得到调节。音乐也是如此。一个人的见解，

古诗文引用范例解读

不会全部都是正确，也不一定全部都是错误的。我们要从不同的意见中吸取合理的要素，然后整合在一起，得到一个新的统一，这就是"和"。国家兴盛的理想状态是和谐，君臣之间、官民之间、国与国之间、朝野之间，相互理解，相互协调，利益一致，天下平和。所以，"和"的最终旨归，是人内在心性的平和，它的最后落脚点是人自身的平和心态。

左丘明（约公元前 502 年—公元前 422 年），姓丘，名明（一说复姓左丘，名明），春秋末期鲁国人，史学家。他曾任鲁太史，与孔子同时或略早于孔子，双目失明，故后人亦称盲左。相传曾著《春秋左氏传》（或称《左氏春秋》，简称《左传》），多以史实解释《春秋》，以记事为主，兼载言论，叙说详明，文字生动简洁，全面反映了当时的社会历史面貌，既是重要的儒家经典，又是我国第一部完整的编年体史书，在文学上也有很高的成就。

《左传》是中国古代最早一部叙事详尽的编年史，共三十五卷。其全称是《春秋左氏传》，汉朝时又名《春秋左氏》。汉朝以后才多称《左传》，与《春秋公羊传》《春秋谷梁传》合称"春秋三传"。

左传·昭公五年（节选）

〔春秋〕左丘明

仲尼曰："叔孙昭子之不劳，不可能也。周任有言曰：'为政者不赏私劳，不罚私怨。'《诗》曰：'有觉德行，四国顺之。'"

翻译：孔子说："叔孙昭子不酬劳竖牛这个人，这是一般人做不到的。大夫周任曾说：'掌握政权的人不赏赐对于私人的功劳，不惩罚个人的怨恨。'《诗经》中说：'具有正直的德行，四方的国家都来归顺。'"

阅读随想

古诗文引用范例解读

二十四、聪者听于无声，明者见于未形

摘

史记·淮南衡山列传（节选）

〔汉〕司马迁

王坐东宫，召伍被与谋，曰："将军上。"被怅然曰："上宽赦大王，王复安得此亡国之语乎！臣闻子胥谏吴王，吴王不用，乃曰：'臣今见麋鹿游姑苏之台也'。今臣亦见宫中生荆棘，露沾衣也。"王怒，系伍被父母，囚之三月。复召曰："将军许寡人乎？"被曰："不，直来为大王画耳。臣闻聪者听于无声，明者见于未形，故圣人万举万全。昔文王一动而功显于千世，列为三代，此所谓因天心以动作者也，故海内不期而随。此千岁之可见者。"

译　　淮南王坐在东宫，召见伍被一起议事，招呼他说："将军上殿。"伍被不高兴地说："皇上刚刚宽恕赦免了大王，您怎能又说这亡国的话语呢！臣听说伍子胥劝谏吴王，吴王不采纳他的意见，于是伍子胥说：'臣即将看见麋鹿在姑苏台上出入游荡了'。现在臣也将看到宫中遍生荆棘，露水沾湿衣裳了。"淮南王大怒，囚禁起伍被的父母，关押了三个月。然后淮南王又把伍被召来问

72

道："将军答应寡人吗？"伍被回答："不，我只是来为大王筹划而已。我听说听力好的人能在无声时听出动静，视力好的人能在未成形前看出征兆，所以最智慧、最有道德的圣人做事总是万无一失。从前周文王为灭商纣率周族东进，一行动就功显千代，使周朝继夏、商之后，列入'三代'，这就是所谓顺从天意而行动的结果，因此四海之内的人都不约而同地追随响应他。这是千年前可以看见的史实。"

《淮南衡山列传》是淮南厉王刘长及其子刘安、刘赐的合传。刘长是汉高祖的小儿子，和汉文帝是同父异母的兄弟，他因骄横无度，参与谋反，获罪被捕，在押往流放地蜀郡的途中绝食身亡。后来他的儿子刘安继封淮南王，刘赐封庐江王转徙衡山王。刘安为报父仇，串通弟弟刘赐密谋反叛，败露后二人皆自杀。刘安好读书，善文辞，受到他的侄子汉武帝刘彻的重视，奉命作《离骚传》。他还曾"招致宾客、方士数十人"，集体编写《淮南鸿烈》（即《淮南子》），在这些人中，伍被才能出众，为其中冠首。

伍被是楚国人，有人说他的先人是伍子胥的后代，做淮南国的中郎。淮南王刘安召集了上百的英俊博学之士想谋反，召见伍被策划。伍被用昔日子胥谏吴王，吴王不用其计而被迫自杀的故事劝谏刘安，刘安愤怒，囚禁伍被的父母三个月。刘安再次问伍被，伍被说出了一番富有哲理的话：聪慧明智、思虑通达的人，善于观察、思考、深辨、细究，掌握事物的发展规律和发展方向，作出正确的判断，故能洞察事物的未来，于无声处听有声，于无形处见有形，有先见之明。

果然，刘安谋反失败，伍被诣吏自告与淮南王谋反，天子欲不诛伍被，御史大夫张汤进言说："伍被为刘安设计谋反，罪不能赦"，于是诛杀伍被，刘安也自杀。

古诗文引用范例解读

　　司马迁（约公元前 145 年—公元前 90 年），字子长，夏阳（今陕西韩城南）人，一说龙门（今山西河津）人。西汉伟大的史学家、文学家、思想家。司马谈之子，任太史令，因替李陵败降之事辩解而受宫刑，后任中书令。发奋完成所著史籍，被后世尊称为史迁、太史公、历史之父。他早年受学于孔安国、董仲舒，漫游各地，了解风俗，采集传闻。元封三年任太史令，继承父业，著述历史。他以其"究天人之际，通古今之变，成一家之言"的史识创作了中国第一部纪传体通史《史记》，是"二十五史"之首，被鲁迅誉为"史家之绝唱，无韵之离骚"。

　　《史记》最初没有固定书名，或称"太史公书"，或称"太史公记"，也称"太史公"。"史记"本来是古代史书的通称，从三国开始，"史记"由通称逐渐成为"太史公书"的专名。作为一部贯穿古今的通史，从传说中的黄帝开始，一直写到汉武帝元狩元年（公元前 122 年），叙述了我国三千年左右的历史。

史记·张仪列传（节选）

〔汉〕司马迁

　　臣闻之，积羽沉舟，群轻折轴，众口铄金，积毁销骨，故愿大王审定计议，且赐骸骨辟魏。

　　翻译：我听说，羽毛虽轻，但集聚多了可以使船沉没；货物虽轻，但车装载太多可以压断车轴；众口所毁，就是金石也可以销熔；谗言诽谤多了，即使是骨肉之亲也会消灭。所以我希望大王审慎地拟订正确的策略，并且请准许我乞身引退，离开魏国。

二十四、 聪者听于无声，明者见于未形

阅读随想

古诗文引用范例解读

二十五、明者因时而变，知者随世而制

摘

盐铁论·忧边第十二（节选）

〔汉〕桓　宽

文学曰："明者因时而变，知者随世而制。孔子曰：'麻冕，礼也，今也纯，俭，吾从众。'故圣人上贤不离古，顺俗而不偏宜。鲁定公序昭穆，顺祖祢，昭公废卿士，以省事节用，不可谓变祖之所为，而改父之道也？二世充大阿房以崇绪，赵高增累秦法以广威，而未可谓忠臣孝子也。"

译

文学说："贤明的人会顺应时代的变化而变化，智慧的人会随着时代的发展来制定策略。孔子说：'过去的礼帽用麻布制成，合乎周礼；现在用丝绸，因为这样节省，我也同意。'所以圣人，崇尚贤人不违背传统礼节，顺应潮流不偏离现今时宜。鲁定公以昭穆制度为依凭，给闵公和僖公安排合适的位置，把颠倒的顺序恢复过来；鲁昭公废掉卿士节省开支，不也是改变君主的方针政策、改变父亲的所作所为吗？相反，秦二世扩建阿房宫以承继先人，赵高增加秦朝法律以扩大威望，这不能说是忠臣孝子。"

二十五、 明者因时而变，知者随世而制

汉武帝时，物价难以控制。元封元年，汉武帝用桑弘羊为大司农，下设管运输的均输官和管物价的平准官，令各地向均输官交纳贡物折价和运费，然后由平准官和均输官在低价地方买货，转运京师或运往高价地方出售。桑弘羊参与制定和推行的盐铁官营、酒类专卖、平准、均输等财政政策，是政府经营商业以控制运销、平抑物价，取得收入的财政经济政策。但这一政策，引起了地主和富商巨贾的强烈反对。对此，汉昭帝于始元六年，召集由地方官推荐"文学"和"贤良"六十余人，与桑弘羊等武帝时期的财经大臣一起，对武帝时的财政与外交政策，展开了长达五个月的大辩论，以决定盐、铁、酒等财政事业是否继续国营。论辩的议题和内容，主要集中在国有经济事业与对外征伐、边防事件两大焦点，也涉及刑法、礼法、灾异、社会风气等议题。其方式采用口头之言词对辩与书面之文辞讨论双轨并行。

这里的"忧边"就是关于边疆国防的讨论。文学明确提出了自己的观点："明者因时而变，知者随世而制。"这里的"知"通"智"。"制"是"制度，管理方法"的意思。意思是聪明的人会根据时期的不同而改变自己的策略和方法，有智慧的人会随着时代发展而制定相应的管理方法。然后，他以孔子、鲁定公、鲁昭公和秦二世、赵高为例从正反两个方面进行论述。

链接

桓宽（生卒年不详），字次公，汉代汝南郡（今河南上蔡西南）人，治《公羊春秋》。宣帝时举为郎，后官至庐江太守丞。其知识广博，善为文。著有《盐铁论》六十篇。

《盐铁论》是西汉时期的一本政论性文集，原为汉昭帝时盐铁会议的文献，后经桓宽根据当时的会议记录，并加上与会儒生朱子伯的介绍，将其整理改编，撰成《盐铁论》。第一篇至第四十一

古诗文引用范例解读

篇，记述了会议正式辩论的经过及双方的主要观点。第四十二篇至第五十九篇记载了会后双方对匈奴的外交策略、法制等问题的争论要点。最后一篇是后序。

《盐铁论》是研究西汉经济史、政治史的重要史料。其议论从实际出发，针砭时弊，颇中要害，语言简洁流畅，浑朴质实。

盐铁论·孝养第二十五（节选）

〔汉〕桓　宽

丞相史曰："上孝养色，其次安亲，其次全身。往者，陈馀背汉，斩于泜水；五被邪逆，而夷三族。近世，主父偃行不轨而诛灭，吕步舒弄口而见戮，行身不谨，诛及无罪之亲。由此观之：虚礼无益于己也。文实配行，礼养俱施，然后可以言孝。孝在实质，不在于饰貌；全身在于谨慎，不在于驰语也。"

翻译：丞相史说："最好的孝是使父母心情愉快，其次是使父母安定，再次是保全父母身体。当年，陈馀背叛汉朝，在泜水被斩；伍被邪恶叛逆，被灭三族。不久前，主父偃搬弄是非被处死，吕步舒行为不端而被杀。这是他们自己的行为不谨慎，连累了无辜亲人。由此看来：讲究虚假礼仪对自己是没有益处的。形式和内容相符合，礼仪和奉养都要，然后才可以谈得上孝。孝在于实质，不在于表面好看；保全父母在于生活中的谨慎，不在于平时的花言巧语。"

阅读随想

_____

_____

_____。

二十六、行百里者半于九十

摘

战国策·秦策五（节选）

〔西汉〕刘 向

《诗》云："行百里者半于九十。"此言末路之难。今大王皆有骄色，以臣之心观之，天下之事，依世主之心，非楚受兵，必秦也。何以知其然也？秦人援魏以拒楚，楚人援韩以拒秦，四国之兵敌，而未能复战也。齐、宋在绳墨之外以为权，故曰：先得齐、宋者伐秦。秦先得齐、宋，则韩氏铄，韩氏铄，则楚孤而受兵也。楚先得之，则魏氏铄，魏氏铄，则秦孤而受兵矣。若随此计而行之，则两国者必为天下笑矣。

译 《诗经》上说："走一百里路，即使走了九十里也只走一半"，这是说走最后一段道路是十分艰难的。如今大王常常有骄傲的神色，以我对当今的观察，现今天下的事，根据诸侯的心意，不是联合对付楚国，就是并力收拾秦国。我为什么会这么说呢？秦人援魏抗楚，楚人援韩抗秦，只因四国兵力势均力敌，所以没能再次开战。而宋、齐两国置身四国之外，就显得举足轻重，因此可以断言：秦、楚两国谁先争取到宋、齐，谁就能取得最后的成功。秦国如

古诗文引用范例解读

果争得两家外援，就能遏制削弱韩国；韩国受到遏制，那么楚国便孤立无援而遭到打击；假如楚国先得到齐国的援助，魏国就会衰败，魏国衰败之后，秦国就会陷入孤立，饱受战祸。如果按这条路走下去的话，那么秦、楚两国必然有一方遭受败亡之辱而被天下人耻笑。

这段文字本是一个无名的说客在指出秦王外交政策的失误，他也指出了秦王个性上的缺陷，希望他能够"胜而不骄""约而不忿"。为了让秦王信服自己的观点，他引用了《诗经》里"行百里者半于九十"这句话，指出谦虚谨慎、坚守住后半段、直到最后胜利才是真正的胜者本色、英雄本色。这位说客在进谏之后，又向秦王献上自己的外交良策，指出秦楚之争，其实最终取决于第三国，第三国才是最后决胜的砝码。这种见解颇有点像现代外交上"冷战"时代所谓的"大三角"关系，美苏两个超级大国争取第三国，谁争取到了第三国，谁就可以胜券在握。秦国和楚国是当时的两个超级大国，争取第三国齐、宋，谁争取到了齐、宋，谁就能够取得最终的胜利。

在这样的背景下看"行百里者半于九十"这句话，就是说：走一百里路，走了九十里才算是走了一半。它告诉我们，做事情愈是接近成功就愈是困难，我们愈要认真对待。现实生活中，我们很多人做事情，在开始的时候总是雄心勃勃，但在具体做的过程中，随着时间的推移，他们变得没有了动力、没有了毅力、没有了决心，对待事情漫不经心，最后功亏一篑，功败垂成。

其实，这句话也提醒我们，在人生的道路上，要时时保持清醒，时时保持警惕，从而让人生不要留下缺憾。

《战国策》又称《国策》，是中国古代的一部历史学名著。它

是一部国别体史书，也是战国时期游说之士（策士）游说之辞的汇编。主要记载了东周、西周及秦、齐、楚、赵、魏、韩、燕、宋、卫、中山各国之事，记事年代起于战国初年，止于秦灭六国，约有二百四十年的历史。分为十二策，三十三卷，共四百九十七篇，主要记述了战国时期的游说之士的政治主张和言行策略。本书亦展示了东周战国时代的历史特点和社会风貌，是研究战国历史的重要典籍。《战国策》的作者并非一人，成书并非一时，书中文章作者大多不知是谁。西汉时刘向编定为三十三篇，书名亦为刘向所拟定。宋时已有缺失，由曾巩作了订补。

《战国策》善于述事明理，大量运用寓言和譬喻，语言生动，富于文采，著名的寓言"画蛇添足""亡羊补牢""狡兔三窟""狐假虎威""南辕北辙"等都出自此书。

《战国策》还是一部优秀的散文集，它文笔恣肆，语言流畅，论事透辟，写人传神，具有浓厚的艺术魅力和文学趣味，对我国两汉以来史传文、政论文的发展都产生过积极影响。

战国策·秦策二（节选）

〔西汉〕刘　向

医扁鹊见秦武王，武王示之病，扁鹊请除。左右曰："君之病在耳之前，目之下，除之未必已也，将使耳不聪，目不明。"君以告扁鹊。扁鹊怒而投其石曰："君与知之者谋之，而与不知者败之。使此知秦国之政也，则君一举而亡国矣。"

翻译：医生扁鹊去见秦武王，武王把他的病情告诉了扁鹊，扁鹊建议及早医治。可是国君的近臣说："君王的病，在耳朵的前面，眼睛的下面，未必能治好，将反而使耳朵听不清，眼睛看不明。"武王把这话告诉了扁鹊。扁鹊很生气，扔掉他手中的石针，说："君王同懂医术的人商量治病，又同不懂医道的人

古诗文引用范例解读

一道讨论，干扰治疗。就凭这，可以了解到秦国的内政，如此下去，君王的举动随时都会使国家灭亡。"

阅读随想

_____

_____

_____。

二十七、苟日新，日日新，又日新

礼记·大学（节选）

汤之《盘铭》曰："苟日新，日日新，又日新。"《康诰》曰："作新民。"《诗》云："周虽旧邦，其命惟新。"是故君子无所不用其极。

商汤王刻在洗澡盆上的箴言说："如果能够一天有新变化，就应保持天天有新变化，有了新变化后还要有更新的变化。"《尚书·康诰》说："激励人们弃旧图新做新人。"《诗经·大雅·文王》说："周朝虽然是旧的国家，但却禀受了新的天命，所以气象一新。"所以，品德高尚的人无处不在追求完善。

解

这里的"盘"是一种沐浴时盛水的用具，商汤是商朝的第一个君王，他为了提醒自己要日日修德、不断更新，就在他每天洗澡时必用的"盘"上刻下了三句话："苟日新，日日新，又日新。"这三句话，表面上看是说通过洗澡，把身上的污垢洗干净，使自己每天面目一新，实际上是指人精神上、心灵上的洗礼，品德上的修炼，人格上的提高。对于一个国家来说，"新"也是极为重要的，周朝虽然是一个有着八百多年历史的邦国，但因为它不断革新，所以国运昌盛。因此，品德高尚的人处处在完善自己的品德和人格修养。

这三句话是递进关系，一句比一句要求更高，一句比一句更深入。"日日新"包含两层意思：一是君子内在的自强不息。"天行健，君子以自强不息"，这实际上反映了一种民族的性格，那就是自尊自强、坚韧不拔、不屈不挠。近代中国，一大批先进知识分子主张以新学取代旧学、以新政取代旧政、以维新和革命改变旧体制，五四运动以科学和民主为旗帜，奠定了中国新文化运动的方向。二是君子外在的学习创新。以求知为愉悦，把学习看作充实自己、不断前进的重要途径。清末张之洞提出，"经国以自强为本"，而"自强生于力，力生于智，智生于学"。学习先进的经验，是一个民族自信的反映，也是民族自强不息不可或缺的重要条件。

今本《礼记》，即《小戴礼记》，传为戴圣所编。戴圣（生卒年不详），字次君，西汉官员、学者、汉代今文经学的开创者，梁国睢阳（今河南商丘）人。一说魏郡斥丘（今河北邯郸）人，世称小戴，与叔父戴德同学《礼》于后苍，宣帝时以博士参与石渠阁论议，任九江太守。

《小戴礼记》是战国至秦汉年间儒家学者解释说明经书《仪礼》的文章选集，是一部儒家思想的资料汇编。《小戴礼记》的作者不止一人，写作时间也有先有后，其中多数篇章可能是孔子的七十二名高徒弟子及其学生们的作品，还兼收先秦的其他典籍。这部九万字左右的著作内容广博，门类杂多，涉及政治、法律、道德、哲学、历史、祭祀、文艺、日常生活、历法、地理等诸多方面，集中体现了先秦儒家的政治、哲学和伦理思想，是研究先秦社会的重要资料，是儒家的经典著作之一。它与《仪礼》《周礼》合称"三礼"，对中国文化产生了深远影响。

二十七、苟日新，日日新，又日新

礼记·学记（节选）

善学者，师逸而功倍，又从而庸之。不善学者，师勤而功半，又从而怨之。善问者如攻坚木，先其易者，后其节目，及其久也，相说以解。不善问者反此。善待问者如撞钟，叩之以小者则小鸣，叩之以大者则大鸣，待其从容，然后尽其声。不善答问者反此。此皆进学之道也。

翻译：善于学习的人，老师费力小而自己收到的效果却倍增，这要归功于老师教导有方。不善于学习的人，老师费力大而自己的收获却很小，学生会因此埋怨老师。善于提问的人，就像加工处理坚硬的木材，先从容易处理的地方下手，然后再处理节疤和纹理不顺的地方，时间长了，问题就愉快地解决了。不善于提问的人与此相反。善于回答问题的老师，就像撞钟一样，轻轻敲击则钟鸣声小，重重敲击则钟鸣声大，等钟声响起之后，让它的声音响完。不善于回答问题的老师与此相反。这些都是增进学问的方法。

阅读随想

_____

_____

_____。

古诗文引用范例解读

二十八、盲人骑瞎马，夜半临深池

摘

世说新语·排调（节选）

〔南朝·宋〕刘义庆

桓南郡与殷荆州语次，因共作了语。顾恺之曰："火烧平原无遗燎。"桓曰："白布缠棺竖旒旐。"殷曰："投鱼深渊放飞鸟。"次复作危语。桓曰："矛头淅米剑头炊。"殷曰："百岁老翁攀枯枝。"顾曰："井上辘轳卧婴儿。"殷有一参军在坐，云："盲人骑瞎马，夜半临深池。"殷曰："咄咄逼人！"仲堪眇目故也。

译
顾恺之与南郡公桓玄和荆州刺史殷仲堪谈话，于是他们一起做了一种表示了解的语言游戏。顾恺之说："火烧平原什么都没有留下。"桓玄说："白布缠着棺材竖起了铭旌。"殷仲堪说："把鱼放进深渊把鸟放飞树林。"接着他们又做了一种使人害怕的语言游戏。桓玄说："在矛头上淘米在剑头上为炊。"殷仲堪说："百岁老翁攀爬枯枝。"顾恺之说："水井的辘轳上卧婴儿。"殷仲堪有一个参军也在座，说："盲人骑瞎马，夜半临深池。"坏了一只眼睛的殷仲堪听了，心里十分不高兴，说："咄咄逼人！"

二十八、盲人骑瞎马，夜半临深池

解

　　这则故事讲的是东晋时的一天，文学家顾恺之到殷仲堪家中作客，桓温的儿子桓玄也在场，三人都很有才华，经常聚在一起吟诗作画，闲谈说笑。这次，他们玩起了文字游戏，先是每人说一句"了语"，即用一句话表示事情完结。顾恺之以火把平原烧光为了，桓玄以人死为了，殷仲堪以鱼回深渊鸟飞深林为了。接着，他们又说"危语"，即用一句话表示非常危险的情况。桓玄以把枪矛和利剑的尖头当米煮饭吃为危险，殷仲堪以百岁老翁攀爬枯枝为危险，顾恺之以婴儿躺在水井的辘轳为危险。旁边殷仲堪的参军以瞎了眼睛的人骑着一匹瞎马，深更半夜走到深水池塘边为危险。

　　"盲人骑瞎马，夜半临深池"这句话，可以这样来解读，盲人知道自己什么也看不见，但还是骑着一匹瞎眼的马，选择在半夜的时候走路，乱闯瞎撞，这本身就充满着危险，又走在深池的边缘，这种危险可想而知。盲人自己知道危险，但还这样做，看似勇敢，但实际是鲁莽的行为。从另一个角度看，也许盲人不知道他已经处于危险的境地，却依然前行，这样，巨大的危险和深渊时时伴随着他。

　　盲人先天自身不足，瞎马是条件的不足，夜半是行动的时机，深池是行动的目标，这里，条件是可以选择的，时机是可以选择的，目标也是可以选择的。盲人可以选择的东西很多，但却置身于危险的境地，这是盲人自己所为的结果。

　　刘义庆（公元 403 年—公元 444 年），字季伯，汉族，南朝宋文学家。宋武帝刘裕之侄，长沙景王刘道怜次子，其叔临川王刘道规无子，即以刘义庆为嗣，袭封临川王赠任荆州刺史等官职后任江州刺史。他是个文人政治家，为人恬淡寡欲，爱好文史，不少文人雅士集其门下，著有《世说新语》，志怪小说《幽明录》。

古诗文引用范例解读

　　《世说新语》又名《世语》，是由刘义庆组织一批文人编写的。全书原八卷，刘峻注本分为十卷，今传本皆作上、中、下三卷，分为德行、言语、政事、文学、方正、雅量等三十六门。记述自汉末到刘宋时名士贵族的逸闻轶事，主要为有关人物评论、清谈玄言和机智应对的故事。它是中国魏晋南北朝时期"笔记小说"的代表作，也是我国最早的一部文言志人小说集。

世说新语·雅量（节选）

〔南朝·宋〕刘义庆

　　郗太傅在京口，遣门生与王丞相书，求女婿。丞相语郗信："君往东厢，任意选之。"门生归白郗，曰："王家诸郎亦皆可嘉，闻来觅婿，咸自矜持，唯有一郎，在东床上坦腹卧，如不闻。"郗公曰："正此好！"访之，乃是逸少，因嫁女与焉。

　　翻译：太傅郗鉴在京口的时候，派门生送信给丞相王导，想在他家挑个女婿。王导告诉郗鉴派来的人说："您到东厢房去，随意挑选吧。"门生回去禀告郗鉴说："王家的那些公子还都值得夸奖，听说来挑女婿，就都拘谨起来，只有一位公子在东边床上袒胸露腹地躺着，好像没有听见一样。"郗鉴说："正是这个好！"一查访，原来是王羲之，便把女儿嫁给了他。

阅读随想

_____

_____

_____ 。

二十九、操千曲而后晓声，观千剑而后识器

摘

文心雕龙·知音（节选）

〔南朝·梁〕刘　勰

凡操千曲而后晓声，观千剑而后识器。故圆照之象，务先博观。阅乔岳以形培塿，酌沧波以喻畎浍。无私于轻重，不偏于憎爱，然后能平理若衡，照辞如镜矣。是以将阅文情，先标六观：一观位体，二观置辞，三观通变，四观奇正，五观事义，六观宫商。斯术既行，则优劣见矣。

译　只有弹过千百个曲调的人才能懂得音乐，只有看过千百口宝剑的人才能懂得兵器。所以想全面理解作品，就必须广泛地观察。看了高峰就更明白小土山，到过大海就更知道小水沟。在或轻或重上没有私心，在或爱或憎上没有偏见，这样就能公平如秤，清晰如镜子一样了。因此，要查考作品的思想情感，先要从六个方面去观察：第一是看作品采用什么体裁，第二是看作品的遣词造句，第三是看作品对前人的继承与自己的创新，第四是看作品中不同的表现手法，第五是看作品用典的意义，第六是看作品的音韵。这种观察的方法如能实行，那么作品的好坏就能看出来了。

古诗文引用范例解读

    这句话出自《文心雕龙·知音》，"知音"本指懂得音乐。《吕氏春秋·本味》记载，伯牙弹琴，当他想到巍巍的泰山，钟子期就从他的琴声中听出他"志在泰山"；伯牙想到滔滔的流水，钟子期就从琴声中听出他"志在流水"，于是后人就称钟子期为伯牙的"知音"。"知音"是文人的永恒期盼，《诗经·小雅·伐木》中就有"嘤其鸣矣，求其友声"的渴望；《古诗十九首》中有"不惜歌者苦，但伤知音稀"的感慨；唐代诗人贾岛有"二句三年得，一吟双泪流。知音如不赏，归卧故山秋"的句子。在《知音》中，刘勰也感慨："知音其难哉！"

    刘勰认为，正确的文学批评很不容易做到。要想全面透彻地理解一部文学著作，首先必须阅读大量作品。有了演奏各种乐曲实践经验的人，才能懂得音乐；看过无数刀剑的人，才能识得兵器。南宋诗人陆游在《冬夜读书示子聿》中说："古人学问无遗力，少壮工夫老始成。纸上得来终觉浅，绝知此事要躬行。"他告诉人们，从书本上得到的知识终归是浅薄的，要想认识事物或事理的本质，还必须依靠亲身的实践和深入的理解。只有这样才能不断提高自己的实际本领。

    在这个急功近利、喧哗浮躁的时代，我们必须静下心来，亲自实践，获得感性认识，积累经验，最终才能获得鉴别事物性质特点的本领。

链接

    刘勰（约公元465年—约公元532年），字彦和，南朝梁代人，文学理论家、文学批评家。汉族，生于京口（今镇江），祖籍山东莒县。他曾官至县令、步兵校尉、宫中通事舍人，颇有清名。晚年在山东莒县浮来山创办定林寺。刘勰以一部《文心雕龙》奠定了他在中国文学批评史上的地位。

《文心雕龙》是一部理论系统、结构严密、论述细致的文学理论专著，成书于公元501年—公元502年间。全书共十卷，五十篇（原分上、下部，各二十五篇），以孔子美学思想为基础，兼采道家，认为道是文学的本源，圣人是文人学习的楷模，"经书"是文章的典范，把作家创作个性的形成归结为"才""气""学""习"四个方面。《文心雕龙》全面总结了齐梁时代以前的美学成果，细致地探索和论述了语言文学的审美本质及其创造、鉴赏的美学规律。还系统论述了文学的形式和内容、继承和革新的关系，又在探索研究文学创作构思的过程中，强调指出了艺术思维活动的具体形象性这一基本特征，并初步提出了艺术创作中的形象思维问题；对文学艺术本质及其特征有较自觉的认识，开了研究文学形象思维的先河。

文心雕龙·神思（节选）

〔南朝·梁〕刘 勰

夫神思方运，万涂竞萌，规矩虚位，刻镂无形。登山则情满于山，观海则意溢于海，我才之多少，将与风云而并驱矣。

翻译：想象刚刚开始运转活动的时候，各种各样的思路物象都纷纷呈现在眼前，要在没有形成的文思中孕育内容，要在没有定型的文思中雕刻形象。作家一想到登山，脑中便充满着满山的秀色；一想到观海，心里便洋溢着大海的奇景。不管作者才华的多少，他的构思都可以随着流风浮云而任意驰骋。

阅读随想

古诗文引用范例解读

三十、物必先腐也，而后虫生之

摘

范增论（节选）

〔宋〕苏 轼

物必先腐也，
而后虫生之；
人必先疑也，
而后谗入之。

译 事物一定是先腐朽了而后生虫子；人也是先对某人起了疑心，而后才会听进关于某人的谗言。

解

我们都熟悉"物必先腐而后虫生"这条包含深刻哲理的古训，它的意思是指事物总是自身先腐烂，然后虫子才会寄生在里面。民间也有"苍蝇不叮无缝之蛋"的说法，说人先有了弱点而后外物才能侵害进去。

著名的思想家荀子在《劝学》里说："肉腐出虫，鱼枯生蠹。怠慢忘身，祸灾乃作。"这里的"蠹"读 dù，指蛀虫。他告诉我们，肉腐烂以后就会生蛆虫，鱼干枯以后就会生出蛀虫，人如果懈怠散漫到了忘乎所以的程度，那么，灾祸就要发生了。

苏轼在《范增论》里说的这句话，讲的也是这个道理。这样

92

的事例在古代有很多，如伟大的爱国主义诗人屈原，早年深受楚怀王的信任，常与怀王一起商议国事，并参与法律的制定。屈原主张章明法度，举贤任能，联齐抗秦，在他的努力下，楚国国力有所增强。但屈原性格耿直，仗义执言，再加上楚怀王的令尹子兰、上官大夫靳尚和他的宠妃郑袖等人，受秦国使者张仪的贿赂，离间怀王和屈原的关系，怀王听信谗言疏远了屈原，并把屈原逐出了郢都，开始了流放生涯。最后楚怀王被秦国诱骗，囚死于秦国。顷襄王即位后，屈原继续受到迫害并被放逐到江南。公元前278年，秦国大将白起带兵再次攻打楚国，占领了郢都，楚国被迫迁都于陈（今河南淮阳）。屈原的政治理想破灭，对国家的前途彻底绝望，他只得以死明志，投身汨罗江。

苏轼的这句话告诉我们，在现实生活中，我们要保持自身的纯洁，要有一颗坚定而又纯正的内心，既要防止错误思想的产生，又要防止偏听偏信。

苏轼（公元1037年—公元1101年），字子瞻，号东坡居士，汉族，四川人，北宋文学家、书画家、美食家。苏轼一生仕途坎坷，学识渊博，天资极高，诗文书画皆精。他的诗题材广阔，清新豪健，善用夸张比喻，独具风格，与黄庭坚并称"苏黄"；他的词冲破了诗庄词媚的界限，扩大了词的题材，丰富了词的意境，开豪放一派，与辛弃疾并称"苏辛"；他的散文汪洋恣肆，明白畅达，与欧阳修并称"欧苏"，为"唐宋八大家"之一；他的书法擅长行书、楷书，能自创新意，用笔丰腴跌宕，有天真烂漫之趣，与黄庭坚、米芾、蔡襄并称"宋四家"。著有《苏东坡全集》和《东坡乐府》等。

苏轼的父亲苏洵，即《三字经》里提到的"二十七，始发奋"的"苏老泉"。他的弟弟苏辙，也是著名的文学家，史上并称"三苏"。

苏轼的散文中有一些史论或政论，他能于常见的事实中翻新出奇，这篇《范增论》是苏轼早期的一篇史论。文中他不是一般地

古诗文引用范例解读

谈论范增的功过得失，而是从他应该在什么时机离开项羽这个角度阐述道理。文章时而引证古语，时而转为叹息，时张时弛，波澜横生。

定 风 波

〔宋〕苏　轼

（三月七日沙湖①道中遇雨。雨具先去，同行皆狼狈，余独不觉。已而遂晴，故作此。）

莫听穿林打叶声，何妨吟啸②且徐行。竹杖芒鞋③轻胜马，谁怕？一蓑烟雨任平生。

料峭春风吹酒醒，微冷，山头斜照却相迎。回首向来萧瑟④处，归去，也无风雨也无晴。

注释：①沙湖：湖北黄冈县东南三十里处，又名螺丝店。②吟啸：吟、长啸。③芒鞋：草鞋。④萧瑟：风雨穿林打叶声。

阅读随想

_____

_____

_____。

图书在版编目(CIP)数据

古诗文引用范例解读/上海市老年教育普及教材编写委员会
编.—上海：上海教育出版社,2015.8
ISBN 978-7-5444-6452-9

Ⅰ.①古... Ⅱ.①上... Ⅲ.①古典诗歌—诗歌欣赏—中国②古
典散文—文学欣赏—中国 Ⅳ.①I206.2

中国版本图书馆CIP数据核字(2015)第158993号

古诗文引用范例解读
上海市老年教育普及教材编写委员会　编

出　　版　上海世纪出版股份有限公司
　　　　　　上　海　教　育　出　版　社
发　　行　中国图书进出口上海公司

版　　次　2015 年 9 月第 1 版

书　　号　ISBN 978-7-5444-6452-9/G·5302

ISBN 978-7-5444-6452-9

9 787544 464529 >